爸爸的能量 决定 家庭的深度

郑阳 著

台海出版社

图书在版编目(CIP)数据

爸爸的能量决定家庭的深度 / 郑阳著. -- 北京：
台海出版社, 2019.9
ISBN 978-7-5168-2433-7

Ⅰ.①爸… Ⅱ.①郑… Ⅲ.①家庭教育 Ⅳ.①G78

中国版本图书馆 CIP 数据核字(2019)第 203620 号

爸爸的能量决定家庭的深度

著　　者：郑　阳

责任编辑：王　萍
装帧设计：快乐文化　　　　　　版式设计：通联图文
责任校对：罗　金　　　　　　　责任印制：蔡　旭

出版发行：台海出版社
地　　址：北京市东城区景山东街 20 号　　邮政编码：100009
电　　话：010-64041652(发行,邮购)
传　　真：010-84045799(总编室)
网　　址：www.taimeng.org.cn/thcbs/default.htm
E - mail：thcbs@126.com

经　　销：全国各地新华书店
印　　刷：北京鑫瑞兴印刷有限公司
本书如有破损、缺页、装订错误,请与本社联系调换

开　　本：640mm×960mm　　　　　1/16
字　　数：160 千字　　　　　　　印　　张：13.75
版　　次：2019 年 10 月第 1 版　　印　　次：2019 年 10 月第 1 次印刷
书　　号：ISBN 978-7-5168-2433-7

定　　价：39.80元

P前 言
reface

1

古往今来,抒写父爱的文章数不胜数,朱自清的《背影》更是屡屡被人提起。

那一句"在晶莹的泪光中,又看见那肥胖的,青布棉袍,黑布马褂的背影。唉!我不知何时再能与他相见!"不仅仅是朱自清在看见父亲微微伛偻的背影时的慨叹,也该是我们每一个人对父亲垂垂老矣的叹息。

无论何时,父亲都是我们前进奋发的力量源泉。如果说我们是花是果,那么父亲就是深深扎在土壤里,为我们供给营养的根。少了父亲能量的传递,我们就会面临更多的生存危机和生存障碍;但有了父亲的守护,即便有再多磨难,我们也能鼓起勇气去面对和解决。

只是在表达情感这一方面,我们国人总是内敛而又含蓄的,尤其父亲更是如此。明明爱得深沉,明明爱得炽热,可表现出来的感情却偏偏如一团浓到化不开的墨,无声又无息。或许是因为觉得自己是一家之主,是整个家的顶梁柱,很多父亲在外承担极大的工作压力,用双手为家庭撑起一片蓝天,但是走进家门时,他们却忘了卸下身上的重担,忘了跳出在外的社会角色,在面对孩子时也始终板着脸一言不发,很少参与有效的亲子互动。

2

经济基础决定上层建筑。在大多数家庭中,父亲往往承担着大部分经济压力。在这种生存压力下,父亲常常因忙于工作而缺席孩子的成长。这固然是因为爸爸们深知物质的重要性,立志要给予孩子更为优渥的生活。只是爸爸们是否想过,孩子最需要的是什么?是拉风的名牌跑车,是绚丽的大牌衣物,是令人羡慕的名校,还是父亲的陪伴和关注?

有人曾说过:"一个父亲胜过一百个校长。"在孩子的成长历程中,父亲所产生的影响要远大于校长,因而家庭教育的重要性也远高于学校教育。

3

在孩子的成长过程中,父亲的引导至关重要。在美国华盛顿举行的一次研讨会上,一些社会学家提出了"新型父亲"一词,他们号召父亲适当回归家庭,适当分担家务,并参与孩子的教育活动。

那么,父亲到底该如何参与家庭教育呢?

其实这并不复杂。假如每个人每天都有一百分的精力,父亲只要能够抽出百分之一的时间和精力去陪伴和教育孩子,就能够收获意料之外的结果。比如,每天出门或回家时卸下冷漠的面具,热情地抱一抱自己可爱的孩子;每天都蹲下来或者坐着,和孩子平等地谈一谈;每天找一件小事表扬孩子一次……除此之外,家庭整体的互动也不可忽视,每周一次的郊游或家庭聚会,会让父亲和孩子的关系更为亲密。

对孩子而言,父亲是挺拔威严的山峰,是为家庭遮风挡雨的顶梁柱。作为父亲,只要能抽出时间真切关心孩子,就能发现,原来孩子的笑容可以这么纯真无邪。多一分关切,多一分耐心,你会发现你的孩子变得更依赖你,更愿意倾听你的人生建议。

C目 录
Contents

Part *1*

使命的能量

······································

——还有什么比这个更骄傲

在德国，一个男人成功的定义通常有三个条件：种一棵树，生一个孩子，盖一座房子。种棵树给世界留下绿荫，是为社会做一件事；生个孩子让生命得以延续，是为自己做一件事；盖一座房子能给配偶、孩子以温暖，是为家庭做一件事。这三件事不难做到，每一个德国男人退休时会骄傲地宣布："我已经做到了这三件事，完成了使命，我觉得自己是一个成功的人。"

成长路上不缺席，我会用一生的时间陪你成长

在家庭教育中，缺少了父亲的参与和影响会怎么样？对这个问题，我只能用两个字来回答，即"遗憾"。

1

父亲，既是一个庄严的称呼，也是我们每个人一生之中都无法忽视的存在。他在身边时，或许我们难以察觉他的重要性，可父亲一旦缺席，我们前路迷茫时再无人如灯塔般指引前行，恐惧忧伤时再无人如大山般安定人心，衣锦还乡时更无人警示居安思危。

父亲就如同我们身边看不见摸不着却不可或缺的氧气，也如心理学家格尔迪所说："父亲的出现是一种独特的存在，对培养孩子有一种特别的力量。"

为了挣钱养家，一位父亲日日加班至深夜才回家，偶尔看见等在门口的6岁儿子，也只是精疲力竭地笑笑，却没注意到儿子日渐低落的情绪。

直到有一天，父亲照常一笑让他去睡，可儿子却站着没动，好一会儿扭捏着问道："爸爸，你每天赚多少钱？"

"不睡觉问这个干什么？这些你不用管。"父亲工作累得不行，语气有些烦躁。

儿子吓了一跳，可还是坚持问着："爸爸，你就告诉我吧，我真的想知道。"

"两百。"父亲不耐烦地说道，脱了外套往里走。

谁知儿子却拽住了他的手，犹豫着小声说："爸爸，那你可以借我一百块钱吗？就一百。"

"没有！爸爸一天到晚工作挣钱容易吗？这么晚了，你也不问我累不累，就知道伸手要钱，就不能少买点玩具！"父亲顿时怒了，把儿子吼得迅速掉头跑回了房间。

等洗漱完毕之后，父亲才冷静下来，想起儿子平时很少提出一些不合理的要求，今天这样难道是有什么难言之隐？于是父亲来到儿子的房间，见他还没睡，递过去一张一百块的钱，问道："你要钱干什么？"

儿子眼睛一亮跳了起来，跑到桌边从一个小铁盒里摸出一张一百块，放在父亲手心里，笑了起来："爸爸，两百块，够了！"

父亲却满是不解："够什么？"

"够我买下父亲你明天的时间了呀。"儿子满脸的期待和小心翼翼，"爸爸，明天是我的生日，你能陪我一起过吗？"

著名诗人纪伯伦曾说过："你的孩子并非你的孩子。他们经由你而来，却不是你创造的。跟随你却不属于你。你是弓的话，你的孩子就是弦上射出的飞箭。"一个家庭是由父亲和母亲两个家长共同支撑起来的，主要负责挣钱养家的父亲，也必须意识到自己对孩子的重要性，参与到孩子的日常教育活动中去，和妈妈一起引导孩子成长。

2

世界卫生组织曾公布过一项研究成果：如果某个孩子每天至少有两个小时能和父亲一起度过，那么他的智商要比其他未能得到陪伴的孩子要高。这一点也有其他许多实例和科研结果证明过，孩子的健康成长绝对离不开父亲的陪伴。

每个孩子都希望得到父亲的关注，有时甚至会做出一些出格的行为来博取关注，可很多父亲往往会忽视孩子的这一点情感需求。但只要父亲愿意每天分出几个小时关注孩子，孩子的一生都会因此发生变化。

著名思想家马克思在子女的教育方面堪称楷模，即便工作再忙，他也会时常抽时间和孩子们一起游戏。在并不华丽的屋子里，椅子在孩子们的想象和摆弄中成了"马车"，马克思则是"这辆马车"的马。孩子们欢快地挥舞着"马鞭"，"马儿"配合地表演，气氛欢乐。那时，马克思的女儿们最常说的便是，"爸爸是一匹好马"。

对马克思家的女儿们来说，每个星期日都是一个特殊的日子，因为这一天是专属于她们和父亲的。这一天，马克思会抛下一切工作，兴致高昂地带上女儿们出去游玩。正因为这每一个星期日马克思的陪伴和教导，他的女儿们才会在见识和意志方面远远优秀于同龄人。

有一次，马克思沉迷工作忘记了日子，正巧恩格斯过来，看见他还在案头奋笔疾书，就提醒道："难道你不记得今天是星期日了吗？"

被打断工作的马克思一愣，随即一拍脑袋笑了起来："哦，对，今天是属于我和孩子们的日子！"说罢，马克思便撇下工作，和恩格斯结伴带着孩子们出去游玩了。

马克思的女儿们永远都会记得父亲给予的关注和陪伴，也会永远记得那些暖色时光里的欢乐和教导。

身为父亲，我们需要明白陪伴对每一个孩子的重要性。在满足孩子物质需求的同时，千万别忘了孩子们的情感需求，他们的精神世界也需要你的关注和陪伴。你要让孩子们知道，他们在你的心中到底有多重要。

3

做父亲的总是以为，只要自己挣到足够多的钱，买到孩子们想要的每一样东西，他们就会成为孩子心底那个最棒的父亲。可事实往往并非如此，事业的成功并不能让你成为孩子心中的偶像，物质的丰足也无法让你得到孩子的亲近。那么如何才能真正成为一个好父亲呢？

有教育家曾说过："孩子不会因为你供应的物质而记得你，他们会因你珍爱他的感觉将你牢记。"换言之，孩子最希望从父母那里得到的不是金钱，而是爱和陪伴。

有一个地产大亨，他经营有方，日进斗金。可与之相对地，他的时间也全部奉献给了工作，和儿子之间的互动越来越少，有时甚至一个星期都没办法跟儿子见上一面。日子一天天过去，儿子对父亲越来越冷淡，于是地产大亨拼命挣钱，无条件满足儿子所有的物质要求，哪怕有些要求有些过分也不在乎。可即便如此，父子之间的隔阂却没有消除，反而越来越深。

直到有一天，地产大亨接到了派出所打来的电话，告知他的儿子和别人打架，还把别人的头都给打破了。地产大亨赶到派出所，气恼地看着儿子，可儿子却一脸无所谓，甚至还催促父亲赶紧给钱了事。

地产大亨气急了，直接一巴掌拍到儿子的头上："你能不能省点心？我在外面辛辛苦苦挣钱，供你吃供你喝，你就是这样报答我的？"

儿子从来都没被打过，这一下有些蒙，下一秒立即冷着脸看了过去："我有说过我要钱吗？为了钱，你这些年跟我说过几句话？你根本就没管过我，现在有什么资格在这里指手画脚！"

忽视孩子心中最需要的亲情和互动，只单方面给予物质上的满足，这并不是一个合格的父亲的所为。只有爱，才能塑造一个优秀的爸爸，打造一种和谐的亲子关系。

4

在美国，有一个名叫贝蒂的女孩，在大学毕业之际，她写下了一篇日记：

"从我小时候开始，你就一直告诉我要努力完成你的心愿。可是哪怕有一次，你有当过一个称职的爸爸吗？这么多年，你只会告诉我要做什么，却从来不关心我累不累。为什么别人的父母都会来参加'亲子日'，你偏偏不来？"

"昨天，是我的毕业典礼，也是我人生中非常重要的一个时刻。我以为你会出现，可当我接受了校长的祝贺，想要在茫茫人海中找到你的时候，却怎么也看不到你。你，还是没有来。”

　　"愤怒，失望，孤独，一瞬间就席卷淹没了我。在这个时候，每个人身边都有自己的父亲陪伴着，他们都笑得那么开心，只有我，孤零零的。难道你从来都没想过我需要什么吗？我那么努力地去学习，那么努力地去完成梦想，你就不能在我成功之后给我一丁点儿的鼓励和支持吗？我甚至怀疑，你在说那些心愿的时候，真的是认真的吗？"

　　当这篇浸满了失望和泪水的日记被发现的时候，贝蒂已经不在这个世界了，她亲手斩断了和这个世界的联系。这个悲伤的结局，或许有一部分是因为是贝蒂的心理脆弱，但也有一部分是因为她的父亲没有尽到应有的责任。

　　现实生活中，像贝蒂父亲一样的人数不胜数，平时都只顾着忙活自己的事情，对孩子的学习和生活漠不关心，家长会上也鲜有他们的踪影。这些父亲觉得这种事情根本不重要，也不愿意将时间"浪费"在这些事情上。偶尔要表示关心的时候，他们关注的重点也只是孩子的成绩。在教育界，这类父亲被称为"功利型父亲"，他们总是对孩子寄予厚望，可又不愿意花时间和心思去培养孩子。父亲们这种期望和付出之间的差距，最后往往会造成无法挽回的悲剧。

　　无论多忙，无论压力多大，父亲们都需要抽出时间和精力去参与孩子人生中重要的时刻。这些时刻对孩子们来说是人生路上的里程碑，他们需要爸爸的出席和关注。父亲的适时出现也会弥补他们在孩子生活中长期缺席的遗憾，加深父亲与孩子之间的情感交流。相反，如果父亲一直缺位，孩子就会对父亲越来越失望，严重的甚至会产生心理问题，最后走上极端。

用爱喂养,请相信我是用心爱你的人

埃斯库罗斯曾说:"小小孩儿的内心就是他的上帝。"换言之,如果想要成为孩子心目中的"上帝",各位爸爸就必须要关注他们的内心,准确把握住孩子内心的情感波动,让他们真切感受到来自于父亲的关爱。判断一个孩子童年是否幸福,爸爸的参与度是一项关键的衡量标准。而童年的成长历程对每一个孩子至关重要,来自于童年时期的关爱往往会温暖他们漫长的一生。相反,童年里留下的伤痕和阴影,会带给孩子难以抹去的伤痛。所以,如果希望孩子过得幸福,爸爸们要学会适时收起严厉的态度,大胆言爱。

1

判断一个男人是否成功的标准有很多,例如"财富""权力""技术能力"等,这些都是可以量化的标准,然而爸爸这个"职位"却并非如此,他只需要一个标准,那就是"魅力"。一个有魅力的父亲,能让平凡的日子笑声不断,让一切的困难都成为推动大家成功的动力,让孩子真切感受到家人的关爱和生活的温暖。这一切,并不是依靠钱财和权力就能换来的。

所以，懂得如何去爱孩子的爸爸，在个人魅力方面要胜过富有的爸爸，比如下面这则日记中描写的爸爸。

在我家，我爸爸是最爱我的人，他虽然已经快50岁了，头发也快要掉光了，但在我眼里，爸爸还是很了不起，他是我最爱最敬重的人。从小到大，我爸都没有对我动过手，就连我的好朋友都几次三番跟我说过，我爸真的对我很好。但其实我爸在家的时候一直都很严肃，很少笑，可每次看见我的时候，我爸总是在笑，还很耐心地陪我聊天。

他说想要了解我的方方面面，可我总有些叛逆，不是一个听话的孩子。有一次，我爸因公出差一年半，在那段时间里我总是捣乱，给妈妈惹麻烦。可爸爸知道后也没有打我，反而不断改变自己，说是要让自己成为我学习的好榜样。有时候，我真的很感谢爸爸所做的一切，可年轻气盛的我总是控制不住自己，时不时就给家里找点麻烦。

在学校，我不是一个三好学生，成绩也不怎么好，只是无论我怎么闹，爸爸都没有想过放弃我。他一直鼓励我，相信我。每当我进步一点点时，爸爸都会格外高兴。在他眼里，我永远是最出色的儿子，可是，我自己心里清楚，我从来都不是一个让他省心的儿子。

在感情方面，我爸并不是一个古板的人。上高中时，我和一个女孩谈了恋爱，不过很快就分手了。我很难过，差点自暴自弃。当我告诉爸爸这件事情时，我以为爸爸会对我彻底失望，毕竟有哪个父亲能坦然接受孩子早恋呢？只是我没想到，爸爸竟然没有生气，反而安慰了我好久。我终于忍不住哭了起来。

第二天早上，爸爸很早就去上班了，但我没去上学，因为心一直在疼。那时,爸爸总是发信息安慰我,告诉我要坚强。在那段令人心碎的时光里,是爸爸的体谅和理解,让我从痛苦中走了出来。

后来爸爸生病了,因为担心他的身体,我再没让他长途奔波来学校看我。只是放假回家后,我还是一眼就看出了爸爸的消瘦。不过看到我回来,爸爸很是高兴,还让我有时间就把我的那些好哥们都请到家里来,他亲自做饭招待他们。我的眼睛瞬间就红了,因为一般的家长都不会允许自己的儿子总是和差生一起玩,但我爸不一样,他说我和我的好哥们都是好孩子,只是表面看起来有些叛逆而已。

有一天,我刚跟爸爸说心情不太好,爸爸就立刻拉着我去打篮球。我这才知道,原来爸爸一直都在偷着学习打篮球,因为他知道,我心情不好的时候就会去打球。那一天,站在篮球场上,我的眼泪几乎要忍不住飚了出来,世上有几个父亲,会在这年过半百的年纪为了孩子去学习打篮球?

今年,我下定决心要做个好儿子了,我要让我爸知道,他这些年的教导没有白费,我现在是一个成熟的人了。于是我剪了烫得五颜六色的头发,回到家的时候就看见爸爸红了眼圈,他笑着夸我真帅。

也许你的孩子也会写这样的日记,也许你的孩子也会被人认为没出息。但只要这个孩子感受到了来自爸爸的爱和鼓励,他的人生就不会太过糟糕。至少,他会懂得如何去爱别人。这份爱会融入他的骨血里,一代代绵延下去。

2

孩子是一天天长大的,在成长的过程中,他们需要来自于别人的爱和关怀。只有如此,他们才会学会如何去给予别人爱。

每个学校都会定期开展亲子游戏活动,这些游戏需要家长和孩子配合完成,其主要目的在于提高孩子对家长的信任度。这一次,学校举办的亲子游戏看起来似乎有些危险,游戏区域内设置了重重障碍,包括胡乱摆放的桌子,横七竖八的椅子,以及一段最危险的路,那是一条10米长的玻璃碎片通道。当然,这条通道内有让人可以避开玻璃的地方。

只是这个游戏有一条规则,那就是孩子的眼睛需要被蒙住,而后在家长的牵引下走完全程。

其实,只要家长和孩子好好配合,这个游戏并不难完成,很多孩子也顺利完成了这次游戏。

但当游戏进行到一个个子比较魁梧的男生时发生了一些意外。这个男生仿佛天生自带一种忧郁气质,完全没有年轻人的朝气蓬勃。与他相反,他的爸爸则显得瘦小而又朴实,据说他是一名勤杂工,平时也很少来学校。

男孩的运动细胞应该不错,刚开始的桌椅障碍都顺利通过了,只是到了那段玻璃通道的时候,男孩显得有些恐惧,迟迟不肯迈步。尽管爸爸在一边强调不会有事,并给出了清晰的行走提示,但男孩还是不敢迈出第一步。时间一分一秒过去,这位爸爸没有和其他家长一样,握住孩子的脚教他们如何放下,而是直接蹲了下来,说:"爸爸背你。"儿子很震惊,他表示了拒绝,但依旧不敢迈步。

"没事,上来吧。"爸爸坚持要背,男孩最终还是趴到了他的背上。一个瘦小的父亲,就这么背着自己魁梧的儿子,缓慢而又坚定地走完了这一程。

在场的人都被感动到了,忍不住开始鼓掌,男孩也开始小声哭泣着。旁边一位跟这位父亲关系不错的家长忍不住含着泪说:"他才刚刚做完手术没多长时间啊,真是了不起!"

"爸爸!"男孩听到之后忽地哭出声来,一把抱住爸爸的双腿,哽咽着说不出话来。在场的人一起默契地退场,留下空间给这对父子交流,让他们去消解掉曾经因为疏于沟通而造成的隔阂。后来,男孩的性格逐渐开朗起来,还在某次作文中写道,不会再让爸爸为他受伤!

爸爸都希望孩子能懂得自己的良苦用心,但这份苦心如何才能被孩子领悟到,却需要爸爸们不断摸索,寻找正确的传达方式。这个过程或许会有些辛苦,但为了孩子,一切辛苦都是值得的。

3

有这么一位爸爸,从女儿出生的那一天起,每一年在女儿生日这天,他都会摊开信纸,用心给女儿写一封信。信中写满了那一年女儿经历的一些小事,快乐的或者悲伤的都有,还会写一些有关女儿人生的重要问题,甚至是一些时事新闻。当然,这些内容的形式也并不全是文字,还包括照片、礼物和一些小卡片等等。

将所有的信纸和物品放入信封后,爸爸会细心地将它们封起,而后在信封上写上:"这是朱莉爸爸在她第X次生日时给她的信——18岁生日时方可打开。"

年复一年,爸爸一直都在坚持做着这件事情,从未中断过。而随着年龄的增长,女儿也发现了爸爸的这个小秘密,偶尔也会主动将一些想要保留的东西交给爸爸,让他放进信封里。如此一来,她就可以永远保留那些想要留住的记忆了。

这一天,爸爸在跟女儿聊天的时候,聊到了未来,随口说:"等到18岁那年,你就真正成年了,要开始自己真正的人生旅途……"

"不,爸爸,"女儿笑着打断了爸爸,"那时候,我应该在忙着读你写的那些信。"

很多爸爸在宝贝诞生时,都会想过要记录宝贝人生的每一步,以便留作纪念。初时,爸爸们通常都对此热情满满,但随着时间的推移,或许是因为工作越来越忙,或许是因为记录有时有些烦琐,又或许是因为他们觉得宝贝将来未必会喜欢这份记录,于是,不少爸爸都放弃了这个想法。

但其实每一个孩子都会对自己的过去感兴趣,因为那是他们成长的历程,也是爸爸对他们的呵护之路,每一步都承载着爸爸沉甸甸的爱。

4

著名童话大王郑渊洁,他用笔下的童话故事给全国各地小孩带去了无数的快乐,也用心给儿子规划出了美好的未来。

在教育方面,郑渊洁相当有魄力,别人家的孩子都要正经上完义务教育,可他家儿子郑亚旗念完小学就退了学,开始在家学习。关于课本,郑渊洁也没有使用常见的学校课本,而是自己动手给孩子编了10本家庭教材。在教材中,他将笔下创造出来的那些童话人物全都融入了进去。单从学历上来判断,郑亚旗只不过是个拥有小学文化的人,可实际上,他的知识储备相当丰厚。

从郑亚旗18岁生日起,郑渊洁就再没给过他一分钱,因为郑渊洁认为男孩子过了18岁就是个大人了,需要自力更生。而郑亚旗也相当硬气,没再开口要过钱。

至于郑亚旗的职业规划问题,郑渊洁曾经也想过要让他子承父业,因此在郑亚旗很小的时候,就一直让他帮着自己编写页码,写作的时候也经常让儿子坐在一边看着。人都有私心,可这份私心,郑渊洁最终还是放弃了。

因为郑亚旗16岁时就开始排斥"郑渊洁的儿子"这个身份,他希望别人认可的是他本人,而非是作为郑渊洁儿子的他。于是,郑亚旗在18岁时去了一家报社,依靠筹建和维护网站,还有修电脑来挣钱。不过三年,郑亚旗就当上了报社的技术部主任,但也很快辞了职。

这时,郑亚旗主动来和郑渊洁谈合作,表示要郑渊洁授权他创办《皮皮鲁》杂志。事实证明,郑亚旗的运营能力过硬,从那一年开始,郑渊洁每年卖出的书籍册数激增,还参加了各种电视节目去打开知名度……显然,在彼此的精诚合作下,父子俩都进一步实现了自己的价值。

后来,郑亚旗又一声不响地开起了摄影工作室。郑渊洁得知后,心情比较复杂,甚至想过儿子这样做是不是想要摆脱他的影响。但郑渊洁没有阻止儿子继续奋斗,而是任由郑亚旗自主掌控着人生的船舵。

或许,正是因为郑渊洁宽大的胸怀,郑亚旗才能在实现自我价值的路上越走越好。郑渊洁也曾说过:"一个好的爸爸,绝对不会将自己未完成的事业和梦想,强行加在子女的肩上。真正合格的爸爸不会随意打骂孩子。"

不是所有的爸爸都要学习郑渊洁的教育方式，但他的这份胸怀却是每一位爸爸都需要去修炼的。面对孩子们各色各样的人生追求，爸爸们要学会尊重和信任。学会这一点之后，爸爸们和孩子之间就不再会有无法跨越的鸿沟，双方甚至还可以一起探讨未来，避开某些可预见的挫折。

孩子你真棒，我为你骄傲

赏识教育，顾名思义，是欣赏和肯定孩子的优点和长处。每个孩子都希望得到别人的肯定，而源于这份赏识而产生的动力又会促使孩子更为自信地面对学习和生活。这也是万千父母应当了解的重要一点。

1

无论年少青葱，亦或是白发苍苍，赞赏的言语永远是每个人都希望听到的一个成年人哪怕已经功成名就，也需要他人的肯定和赞赏，更何况是一个尚未成年的孩子呢？

教育孩子时，爸爸们千万不要吝啬称赞。恰如其分的夸奖能让你的孩子燃起自信和活力，勇于去克服未知的困难。

有一位年轻的父亲，在第一次参加家长会时就被点名了。老师说："我建议你有空的时候带你儿子去医院看一下，他每天上课都不肯老实，板凳上坐不了三分钟就开始动来动去，这很可能是多动症，得治。"

老师的表情有些不屑，这位父亲当时就羞红了脸。回家后，面对儿子好奇的询问时，父亲顿时想起来家长会上受到的"羞辱"。全班30位小朋友，只有自己儿子被当众点名批评，也只有对他，老师表现出了极大的不屑。只是看着儿子清澈的眼神，父亲憋回了几乎要流出来的泪水，笑着摸了摸儿子的脑袋："老师说你挺好的，有进步。以前上课只能老老实实坐一分钟，现在能坐三分钟了呢。"那一天，儿子听完虽然什么都没说，但破天荒地吃了两碗饭，而且没有再像以前一样喊着要让妈妈来喂。

很快，儿子就上小学了，只是家长会对父亲来说依旧是一场负担。老师看着父亲，语气恶劣："你儿子智力上可能有点问题，一道题讲几十遍还是不懂。这次的数学考试，全班50名学生，你儿子是倒数第10名。你这个当爸爸的还是挑个时间带他去看看医生吧！"

再一次，父亲臊红了脸。只是当他回家，坐在眼神有些躲闪和心虚的儿子面前时，父亲收起了所有的不满和难过，笑着夸道："老师说你其实很聪明，只是还需要再努力再细心一些。你同桌这次考试是19名，爸爸和老师都相信，你一定能超过他的。"

说完之后，父亲意外发现儿子的眼睛里顿时有了光彩，神情里的自责沮丧，甚至是青春期里一直存在的叛逆感，似乎都一起消失了。第二天，不用爸爸妈妈喊，儿子早早地自觉起床，背着书包上学去了。

　　等到孩子上了初中，父亲再一次去参加了家长会。多年来被批评的经历让父亲有些局促和紧张，不过他早已做好了儿子被第一个点名的心理准备，因为数年来都是如此。只是没想到的是，一直到家长会结束，老师都没有提起儿子的名字。父亲有些慌了，难道是儿子的问题特别严重，所以老师要在会后单独和他交流？

　　直到散会，老师都没有喊他，父亲心中格外不踏实，追上老师询问。老师想了想，语气有些平静："你儿子表现还可以，只是以现在的成绩想要去重点高中有点难。"

　　几年后，儿子就高中毕业了。第一批次的大学录取通知书下来的时候，学校来电让儿子去学校。父亲冥冥中就有一种预感，他的儿子一定被名牌大学给录取了。因为之前报考学校的时候，他和老婆曾经信心满满地跟儿子说过，相信儿子一定能考取心仪的名牌大学。

　　当儿子从学校回来，将名牌大学的录取通知书交到父亲手上的时候，父亲还没来得及说些什么，儿子就哇地一声哭了出来，一边哭一边说："爸爸，我知道，我一直都知道我不是个聪明的孩子，是您的鼓励让我一步步坚持下来。如果您跟老师一样批评我，我都不敢相信自己现在是什么样子……"

　　对未成年的孩子来说，他们对世界，对自己的看法，大多数情况下都取决于周围人的评价，尤其是与他们朝夕相处的父母的评价。对孩子来说，父母的一声夸赞，哪怕是一个鼓励的眼神，往往都能让他们熄灭的信心在尘埃中开出灿烂的花来。

2

心理学家鲍里斯·塞德尔兹曾说过："打击只能使孩子变成一个懦夫,变成一个无能的人。当然,放纵孩子也不是一个明智的做法,但起码能让孩子自由自在。打击却不一样,它能毁掉孩子。"

那些得不到肯定的孩子,就如同遭遇久旱的秧苗难以长大,而那些不仅得不到肯定,反而还经常遭受打击的孩子,只会越来越消沉,最终成为渴死的枯草。

心理学教授罗塞尔的儿子吉姆从小就聪明过人,性格活泼开朗,三岁时就能独立阅读和写字,是个十分惹人喜爱的孩子。只是这些优点在爸爸罗塞尔眼中却全都是缺点,是所谓的不谦虚和自以为是。原来,罗塞尔虽然在心理学研究方面颇有建树,但因为性格内向,不喜与人交往,因而时常看不上儿子过于活跃的社交行为。

有一天,罗塞尔又听见了儿子和他人说说笑笑的声音,脸色沉沉地过去责问儿子:"吉姆,你又在这里吵吵嚷嚷的,是在干什么?"

"爸爸,我今天又看完了一本书呢。"吉姆非常高兴。

"不就是一本书,值得这么高兴?"罗塞尔的表情并未好转。

"不是,爸爸,这本书很难,可我自己就把它读完了,我真的很高兴。"

然而罗塞尔教授听完却忽然暴怒,音调高了好几度:"读完一本书而已,有什么好高兴的?你爸爸我像你这么大的时候,早就看过比这更难的书了,也没像你这样过!吉姆,你真是太让我失望了。不过是一件小情，就自傲成这个样子。"

"为什么？爸爸，我到底做错了什么？"吉姆格外委屈。

然而罗塞尔教授依旧板着脸继续教训着儿子："你真的以为自己是个天才吗？不就是比别人多看几本书而已，看看你得意成什么样子了！我告诉你，就你这种人，将来什么也做不成！以后不要再让我听见任何你夸耀自己的话！"说完，教授摔门而去。

站在门外，无端端被训斥的吉姆伤心地哭了，可罗塞尔教授并未回来安慰他。自此，吉姆再无自信，他只记得父亲严厉的言辞和黑沉沉的脸色。他觉得他一定是个非常糟糕、非常愚蠢的孩子，否则为什么爸爸会那么讨厌他呢？

于是，吉姆变得越来越普通，性格也越来越内向，最终完完全全变成了一个不善言辞、羞于表达自我的人。

每个孩子看到的自己，往往都是父母眼中的样子。如果父母肯定他们，信任他们，他们也会认为自己是优秀的，是值得这些称赞。但如果父母给予孩子的只有奚落和责骂，那么，哪怕那个孩子天生拥有一副自由又骄傲的翅膀，也不能挣脱父母的束缚，最终只能沦为一个失败的人。

3

美国成功学励志专家拿破仑·希尔曾经说过："每个孩子都有许多优点，而父母却反而总是盯着孩子的缺点，认为只有管好孩子的缺点，才能让孩子更好地成长。其实，这样做就像蹩脚的工匠，是不可能造出完美的瓷器的。"

各位爸爸，当你的孩子有了出色的表现时，请一定要停下手头的工作或者杂事，因为此时你的孩子才是那个最需要你们的人。孩子未必会将这些情绪表现出来，但他们的内心一定都在期待着爸爸的表扬。这个时候，请各位爸爸能够笑眯眯地说出这样一句话来："孩子，你真棒，我为你骄傲！"当然，赞赏的同时，爸爸们也不能完全忽视孩子的缺点。因为只有明确了解自己的优缺点，孩子的人生之路才能走得更顺一些。

爸爸需要用一双慧眼去挖掘孩子各方面的优点，万万不可只聚焦于学习这一个角度。当发现孩子的进步时，哪怕只是一小点的进步，爸爸也要适当给出鼓励，让孩子享受进步之后的喜悦之情。一个合格的爸爸绝不会吝啬对孩子的欣赏和鼓励，但与此同时，爸爸也要懂得正确夸奖孩子，引领孩子走向更光明的未来。

4

曾经有一位"天才"，他从小就很有艺术天赋，各种剪纸样式都不在话下，而且还创造了许多令人惊叹的画作。然而这位"天才"在学习方面却可以说是一窍不通，他就是毕加索。

对毕加索而言，上课实在是一场身体和精神方面的双重折磨。在他的眼里，课堂就如同地狱一般可怕。因此上课时，毕加索从不认真听讲，回去也不爱做作业。他总是喜欢看着窗外的大树和滑过天空的鸟儿，在漫无边际的幻想里，在自己的精神世界里尽情遨游。

尤其是算术这门课，毕加索简直束手无策。他曾对父亲说过："我知道一加一等于二，可二加一等于几我真的想不出来。我不是不努力，我其实拼了命地想要集中注意力去思考，可我真得做不到。"

也正因为如此,毕加索的同学都爱捉弄他。这些孩子最喜欢的日常娱乐就是跑到他面前,笑着问:"嘿,你知道二加一等于几吗?"每当这时,毕加索都有些迷茫。他的这副呆头鹅的样子落在众人眼里,更是成了所有人的笑料。最后,甚至毕加索的老师都认为他的确是智力低下,无法教导。在开家长会的时候,老师还会在毕加索的母亲面前绘声绘色地描述毕加索的呆样,根本不顾毕加索母亲羞红的脸色。

很快,毕加索的邻居们也发生了变化,他们不再称赞毕加索灵巧的双手,不再欣赏毕加索的绘画天赋,而是私下里议论纷纷,嘲笑毕加索是一个只会画画的白痴。在他们眼里,画画是不务正业,并不是正经的谋生职业。

然而面对所有人的嘲笑和指指点点,毕加索的父亲何塞却一直相信儿子,他始终相信儿子虽然不擅长读书,但在绘画方面的确天赋惊人。对一个有天赋的孩子来说,能够遇到一位理解并支持他的父亲实在是太幸运了。

父亲何塞总是对毕加索说:"孩子,不要为自己不会算数而感到悲伤绝望,你不是一无是处,你要知道,你是个绘画天才。"在父亲从不间断的鼓励下,小毕加索终于重拾信心。当他越来越频繁地画出才华横溢的画作时,他渐渐忘记了自己在读书方面的缺陷。

在绘画这片天地里,毕加索不断发挥着自己的想象力和创造力,找到了属于自己的快乐,并最终成为一代绘画大师。正是在父亲的鼓励下,毕加索才一步步成为当代西方最有创造力和影响最深远的艺术家。他和他的画在世界艺术史上占据了不朽的地位。

如果没有父亲的支持和鼓励,毕加索难以成为一名众所周知的"艺术天才",也不可能给后世留下如此多的惊人画作。

当所有人都在嘲笑毕加索的时候，只有他的父亲何塞看见了儿子的绘画天赋，并果断将儿子送入当地有名的美术学院学习。在父亲的陪伴和鼓励中，毕加索才能成为与达·芬奇齐名的艺术天才。

爸爸这个身份并不仅仅意味着养大一个孩子，更意味着你需要承担起成为孩子人生导师的责任。当孩子陷入迷茫时，爸爸需要站出来，帮助孩子找到未来发展的方向，并告诉孩子他们可以做到。请各位爸爸相信，爱永远比恨要有力量。称赞一个孩子，永远要比训斥来得有用。

每个人都值得被尊重，当然也包括你

尊重对每个人而言都至关重要，孩子也不例外。如果一个孩子从小在大人的尊重中长大，他在成年后的为人处世中就会懂得如何去尊重别人。父母需要在日常生活中让孩子感受到被尊重，并学会如何尊重他人。

1

美国家庭教育专家史蒂文说："成功的家庭教育，是家长舍得拿出时间与孩子在一起，以一种平等的态度与孩子交流，对孩子正确的想法和行为给予充分的肯定。"

一位德国父亲开车带着两个儿子一起出门。一路上，爸爸都在和大儿子说话，没一会儿就发现小儿子似乎很生气，一双脚总是故意踢着前面的座位。好好的座椅被踢得有些脏，爸爸有些生气，可还是耐着性子询问小儿子怎么了。

"为什么你只和哥哥说话，根本就不理我？"

小儿子的控诉让爸爸瞬间明白过来自己的过错，连忙道歉："对不起，孩子，因为你哥哥马上要去参加比赛，所以我忍不住多叮嘱两句。好，那现在告诉爸爸，你想要和爸爸聊些什么呢？"

"爸爸，我想听儿童故事。"

"好，爸爸给你放。"

"爸爸，这个故事讲的真好听，您真好！"

"是吗？那你喜欢吗？"

"嗯，喜欢！我长大了也要写这种故事，给无数个小朋友听！"

"哈哈，好，爸爸等着你成为大作家的一天。"

"我饿了，爸爸，待会我们去吃什么？"

"那你想吃什么？"

"爸爸，我想吃汉堡和鸡腿，还要一杯果汁！"

"好，那你想吃什么？"父亲并没有忽视大儿子，也转头问了一句。

"和弟弟一样就好。"大儿子笑着回答。

"好,我这就带你们过去。"

"谢谢爸爸!"

在西方家庭,爸爸们往往将孩子视为一个独立的个体,他们有自己的权利和尊严,因此不管是说话还是做事,爸爸都会多加听取孩子的意见。他们从来都不会居高临下地审视孩子,而是蹲下来,站在与孩子平等的位置上交流。

父亲和孩子之间并不仅仅是单纯的"生养关系",父子之情中间往往夹杂了许多更为复杂的东西。若是认为孩子只是大人的附属物,凡事都必须听从大人的意见和规划,这样的父亲在和孩子的交流方面通常都会遭遇极大的麻烦。孩子需要的是父母的平等对待。唯有如此,家庭教育才可获得理想的效果。

2

市面上经常能看见这样一种书籍——父母将孩子的成功归因于自己的教导有方,因此书里写着父母的各种教育理念。这类书的读者数量并不少,很多读者在阅读后更是产生了"我也要有一个如此优秀孩子"的想法。因此,这些父母将自己未曾实现的理想强行加在孩子身上,从小就对孩子进行全方位无差别地"塑造"。

他们认为孩子就是一张白纸,自身不具备学习的主观能动性,将来成就如何,全靠父母传递理念和知识。但是,孩子的心灵真的是一张白纸吗?我们暂且设定答案为是,那么在人类还处于茹毛饮血时期时,"尊重""同情"等珍贵的情感又是谁教导和传递的呢?

因此，爸爸们不要过分小看孩子，他们其实如同一粒种子，在还未成熟的时候无法发芽，可一旦成熟之后，他们就能自发地利用空气水分，迅速成长成参天大树。还在母亲腹中时，孩子还不是一个健全的"人"，可他们已经能感受到外界的变化。当分娩来临，孩子来到这个世界，他们其实就已经具备了学习和思考的基本条件。

对孩子而言，他们需要的不是填鸭式的知识灌输，而是一个自由的环境，让他们能够自由成长。

3

19世纪末，一家犹太人终于迎来了自己的孩子，那是一个男孩。虽然贫穷，但这家人依旧竭尽全力地想要培养好孩子，让他成为一个顶天立地的男子汉。可随着时间的流逝，人们发现这个男孩似乎全无半点男子气概，性格十分内向，眼神里总闪烁着疑虑和忧伤。

男孩总是在抗拒周围的环境和人群，那双眼睛似乎永远在说离我远一些。长此以往，周围的人都渐渐觉得这个男孩有点神经质，是没用的可怜虫。可男孩的父亲并没有因此放弃，他拼尽一切想要打造孩子的坚毅性格，却从来没有成功过。

父亲眼里的失望越积越厚，男孩的心思也因此越发敏感脆弱，他几乎完全丧失了自信心，根本不敢相信自己能够做对任何一件小事。在这种打击和惶恐中，男孩学会了察言观色，总是躲在角落里，只想当一个透明人。

这一切父亲都看在眼里，他想：这样的孩子，就算送去当兵，恐怕在遭遇危险的时候会立即转身逃跑，成了逃兵，更别说去当一个元帅了。让他去从政？不行，他的孩子优柔寡断，缺乏勇气，在遇到某些难题时恐怕难以迅速找到平衡妥当的解决方法。至于律师？还是算了吧，或许对方律师眼睛一瞪，自己的孩子就会立刻忘了所有的辩词。那医生呢？恐怕也不行，这是一份需要果决的判断能力的职业，犹豫只会让病人的生命无辜流失。

终于，父亲放弃了刻意培养，任由男孩自由成长。只是谁也没料到，这个男孩最后竟然成为世界上最伟大的文学家之一，他就是大作家卡夫卡。

为什么卡夫卡能成为一位杰出的作家？原因其实就在于他敏感而又内向的性格。这类人一般都拥有丰富的内心世界，他们能够轻松感受到别人经常忽略的东西。的确，他们不适合从政、从军、从医，可在文学世界里，他们往往能够成为"国王"。

在笔尖流淌的文字里，卡夫卡可以创造出属于自己的王国，在外人眼中所有的缺点反而促使他更清晰更深刻地感受世界。从生活的压抑和苦闷中，卡夫卡提取出其中的精髓，开创了一个文学史上全新的艺术流——意识流。在《变形记》《审判》等作品中，他用犀利的文笔重新解剖了各种荒诞的世界、扭曲的观念，甚至是变形的人格。正是由于他的塑造，人们才能更为深刻地认识到现代文明的核心。

如同冰心曾经说过的一般："让孩子像野花一样自然生长，要尊重儿童的天性和选择。"父亲在教育孩子时要懂得尊重孩子的天性，而不是一味按照自己的观念和想法来迫使他们成为自己不愿意成为的人。无论孩子是聪慧还是平庸，是外向还是内向，父亲都需因材施教，如此，孩子才能在快乐中成长，才能发挥自身最大的价值。

4

有位教育家曾经说过:若你想教育好孩子,首先要了解孩子,但要想了解孩子,就必须尊重孩子。缺乏尊重,家长和孩子之间沟通的桥梁便会格外脆弱。尊重能让孩子树立自信,懂得自爱,建立自尊,而这三点正是一个人实现自我价值的基本要素。简而言之,若想孩子这一生走得更远更高,家长必须尊重孩子!

一次,一位父亲带着6岁的儿子去德国玩。在儿子跟几个当地小朋友玩耍之后,父亲发现儿子用自家的"纸飞机"换回了一辆电动"小汽车"。这两样物品价值显然并不对等。一只"纸飞机"顶多值5美分,可那辆"小汽车"怎么也要20多美元,如此不公平的交易,谁会答应?

于是父亲担心儿子说了谎,坚持让儿子带自己去见了那位小汽车的主人以及他的父亲,表示要归还"小汽车"。然而那位德国父亲却拒绝了,他说:"小汽车是孩子的东西,他要怎么用自己做主就好。不过我等会儿会带孩子去玩具商店,让他明白这辆汽车的真正价格,又可以交换到多少只纸飞机,以后他就会知道交换之前要多多衡量双方价值了。"

事实证明,尊重孩子的选择并不意味着完全听之任之,而是要懂得用正确的方式让孩子明白对错,知晓道理。当孩子做出了错误选择时,父亲要合理运用有效措施引导其改正,而非劈头盖脸就是一顿骂;当孩子做出正确选择时,父亲更要让孩子明白其中的利弊和道理,而非简单的称赞。

每一位父亲都可以说自己很爱孩子,可这份爱如何才能转化为促使孩子积极向上成长的动力,却是我们每一位爸爸都需要不断学习的。做爸爸从来不是一件容易的事情,希望各位爸爸能在教育中适当放手,让孩子做自己喜欢做的事情。

愉快地玩耍,我们一起分享世界的精彩

亲子游戏,是孩子健康成长的必修课程,但这一点却往往被许多爸爸忽视。他们并不知道对许多孩子而言,与爸爸一同游戏是多么令人愉快的事情。或许有些爸爸觉得亲子游戏太过复杂,但事实并非如此,很多亲子游戏都十分简单。通过这些互动游戏,爸爸可以更深入地了解孩子的内心世界。无论对哪个年龄段的孩子而言,游戏永远都是加深感情的最佳媒介。因为游戏带来的是愉快和分享,以及两颗心的不断靠近。

1

在教育孩子方面,很多家长都看不惯孩子的贪玩,认为贪玩的孩子将来一定没有出息。可实际并非如此,众多教育学界的专家学者早已否定了这一观点。

　　诺贝尔物理学奖得主丁肇中的母校是南京市南昌路小学,有一次他回母校演讲交流时,一位男孩便指出母亲总是说他贪玩没出息,然而丁肇中闻言却直接竖起了大拇指。他笑着说道:"孩子,贪玩不是坏事,但你不能瞎玩,要玩出花样来才行。我小时候也很贪玩,不过我妈妈学过儿童心理,所以没有压抑我玩耍的天性,也没有天天逼着我学习,反而鼓励我去做喜欢的事情。"

　　如果说贪玩的孩子果真没有出息,那丁肇中的成就又如何解释?但丁肇中也说了,贪玩不是错,瞎玩才是。作为父母,要懂得判断和引导孩子去正确游戏,若是引导得当,孩子会在游戏中摸索出某些方向,逐渐走向成功。但如果父母只是一味压制,反倒只会将孩子越推越远,直至亲人变仇人。

　　高尔基曾经说过:"游戏是儿童认识世界的途径,他们生活在这个世界里,并负有改造它的使命。"玩是孩子的天性,玩得好反而会锤炼孩子的思维,让孩子反应更为敏锐。因此当你看见孩子兴冲冲地玩游戏时,千万不要立即阻止,也不必如临大敌,仿佛孩子的一生就此毁灭。父母需要做的是想办法引导孩子去玩,寓教于乐。

　　小时候,达尔文就格外贪玩,一有空闲的时间就爱跑到花园里和爸爸一起玩,对学习根本就不上心,因此学习成绩始终都不理想。这样的孩子在老师的眼里基本是没有未来的,但他的爸爸罗伯特却并不这么认为。他觉得儿子喜欢玩又有什么错呢?又没有做什么伤天害理的事情。

　　因此,罗伯特并没有逼迫达尔文专心学业,而是经常在陪达尔文玩的时候教他如何辨别花草,如何观察各种昆虫。长此以往,达尔文对生物产生了浓厚的兴趣,且往往能观察到一般人看不到的细节。每当发现一些新奇的或者是不懂的东西时,达尔文就去请教爸爸,爸爸也乐于解答。

有一天,达尔文跟着父母出去郊游,爸爸指着脚下的土地告诉达尔文,土壤是一切生命的源泉,有了土壤,树木花草才有了成长的根基,牛羊马兔等动物才有了口粮……

"那么,人是从哪里来的呢?"达尔文顺着爸爸的思路肆意发散着思维,从此便开始了探索生命起源的路途。

后来达尔文所获得的成就大家应该也都清楚,他是伟大的生物学家,是进化论的奠基人。在达尔文的人生之路上,爸爸罗伯特有着至关重要的引导作用,将他的贪玩视作引导他走上探索之路的契机。

2

学习是系统化规模化的,但游戏不是。在游戏中,孩子可以尽情发挥想象,也更愿意动脑去思考,从而找寻到属于自己的兴趣爱好。事实上,支撑一个人获得巨大成功的绝不仅仅是追求进步的决心,还应该是那发自内心的兴趣爱好。

因此,只要孩子并不因为贪玩而荒废学业,爸爸大可不必过分担忧。相反,爸爸们还可以参与进去,在游戏中帮助孩子树立正确的的人生观和价值观。

童话大师安徒生在学龄前并没有接受过正规的学校教育,但他笔下的故事不知感染了多少家庭。究其原因,多是因为安徒生父亲的引导。在学龄前,父亲经常陪伴安徒生一同游戏,帮助安徒生在游戏中提高认知能力、观察能力和想象力等等。

有一次，父亲工作时剩下了一块木块，他特地给儿子做了几个木偶，又让安徒生去拿一些没用的碎布，两个人一起帮这些人偶做出了合体的衣服。完成后，父亲告诉安徒生："好啦，咱们现在可以演戏啦，你看，演员、舞台、幕布都有了。"说罢，父亲抽出了一本丹麦喜剧作家荷尔堡的剧本，表示要和安徒生共同表演这本戏剧故事书。

但父亲表示表演绝不可敷衍，他让安徒生仔细地，一遍又一遍地阅读这本书，直到小安徒生记住了里面的每一句台词才正式开始。这场表演，父子俩演得十分认真且尽兴，惹得街坊邻居都开玩笑说他们父子俩就是对戏痴。从这一次表演游戏开始，安徒生发现自己对演戏格外感兴趣，今后的日子里便开始不断主动看书，记忆对白，从而积累了一肚子的素材。

安徒生的父亲并非毫无目的地让孩子去玩，他会给儿子布置一些明确而又简单的任务，让安徒生在实践中不断拓宽视野，这才为安徒生的写作生涯奠定了坚实的基础。因此对于孩子的贪玩，爸爸们切勿过分担忧愁苦，要学会收起严肃的表情，带着笑意与孩子一同游戏，帮助他们找寻到自己的兴趣爱好。

3

正所谓慈母严父，很多爸爸在教育孩子时都喜欢板着一张脸，不苟言笑，甚至希望让孩子畏惧。他们认为如此一来，孩子便会听话。

可这种想法是要不得的。每一个孩子都希望父亲是和善的，是可以亲近的存在,甚至是好哥们。这样一来,他们在生活中遭遇任何困难时,才会没有任何负担地去向父亲求教。

樊城是一家公司的总经理,同时也是一位10岁男孩的父亲,他一直坚信父亲就该保持严厉的形象,因此几乎没给过儿子好脸色看。长此以来,儿子在家中总是躲着樊城,相当抗拒和他交流。在又一次尝试和儿子沟通失败后,樊城终于决定改变教育方式。

从第二天起,樊城就经常去找儿子聊天,时常表达一些称赞,笑容也多了起来。周末的时候,樊城还会主动带儿子出去运动旅游。一开始,儿子对父亲的改变依旧有些抗拒,但时间一长,儿子的态度逐渐软化,变得愿意和父亲待在一起。

现在,樊城和儿子就像是好兄弟一样,相处得十分自在,儿子有什么心事都会和他说。外出拍照时,樊城和儿子也会随意地勾肩搭背,以至于路人往往错认他们是兄弟。在樊城的正面引导下,儿子的学习成绩也越来越好,人也格外积极向上。

严厉的父亲未必能教出一个完美的儿子,但一个和儿子相处融洽的父亲,往往能够让孩子愿意听取建议,从而更快更好地走向光明的未来。爸爸们,在孩子面前,你们不必端着大人的架子,学着当一个慈父,或许你们和孩子的关系会缓和很多。

4

一根弦如果绷得太紧是会断的,孩子的学习也是如此,学会放松,才能更好地奋斗。在孩子还小的时候,他们需要通过游戏来了解世界,来发现这个世界的新奇之处,来满足自己的好奇心。父亲禁止孩子玩游戏,就等于抹杀了他们的创造力和感受力,那就不能责怪自家孩子永远只能循规蹈矩,无法一鸣惊人。

父亲参与游戏往往能帮助他们发现孩子的某些天赋才能。比如英国数学家麦克斯韦,他的数学天赋就是被他的父亲发现并培养的。有一天,麦克斯韦画了一幅画,上面是一个插了菊花的花瓶,但画上的所有图形全都由几何图形组成。父亲一眼就发现了儿子的几何图形控制能力,在今后的日子里更是有意识地引导和培养,这才让他在数学领域不断深入学习和探索,最终成为著名的数学家。

因此,爸爸不必抗拒孩子的贪玩,相反,爸爸要鼓励孩子去玩,引导孩子在游戏中收获成长。即便在游戏中找不到孩子的天赋才能,爸爸们也不必沮丧,因为一个在爸爸的陪伴下快乐成长起来的孩子,心胸必定宽广,未来的成就也不会低。

Part *2*

格局的能量

——还有什么比这个更重要

人这一生都在追求和寻找人生的意义，孩子也不例外。对爸爸而言，要懂得正确引导孩子树立远大追求，帮助他们不断思考人生的真谛。

每一个梦想都值得用爱浇灌

  每一个孩子都有自己的梦想,父母需要做的不仅仅是督促他们为之奋斗,也不是只教导他们如何树立人生目标。父亲要懂得欣赏孩子的梦想,哪怕那个梦想甚至有些"可笑"。当你总觉得孩子是牛顿的时候,或许有一天他就真的获得了和牛顿一般的辉煌成就。

1

  孩子天生自带梦想。他们漫无边际的思维会让他们的梦想染上五颜六色的瑰丽,而这份瑰丽会让孩子不断地尝试伸手触摸,直至创造出生命的奇迹。

  很多年前,有一户牧羊人家家境贫困。为了维持生活,父亲要带着两个年幼的儿子替别人放羊。有一天,一群大雁鸣叫着从头顶的天空滑过,自由自在地消失在他们眼前。

  小儿子好奇地问着:"爸爸,大雁是要飞到哪里去?"

  父亲想了想,回答说:"这里的冬天太冷了,它们要飞到温暖的地方去,在那里安家。"

  大儿子听完显然有些羡慕,眼睛里闪着光:"真好,我们要是能飞就好了,想去哪里就能去哪里。"

"是呀,爸爸,我们要是会飞的大雁就好了!"小儿子也十分羡慕。

父亲看着眼前的两个儿子,沉默片刻说:"其实只要你们真的想,也是可以飞起来的。"

听了父亲的话,两个儿子立即兴奋地试了起来,但是他们并没有成功,于是用怀疑的眼神看着父亲。父亲笑了笑说:"我来飞给你们看。"说完父亲象征性地挥舞了一下手臂,但是也没有飞起来。

两个儿子更加怀疑,父亲却一脸肯定地说:"我和你们不一样,我年纪大了,飞不起来。你们还小呢,只要肯努力,肯定能飞起来,去你们想去的任何地方,而不是只在这里放羊。"

父亲认真的话让两个儿子下定了决心,他们一定要飞起来。有一天,父亲给两个儿子带回来一个小玩具,小玩具可以借用橡皮筋的动力飞向空中。两个儿子对此简直爱不释手,又模仿着做了几个出来,无一例外都成功地飞了起来。他们因此兴趣倍增,逐渐走上了研究制造飞机的道路。

经过漫长的实验和制造,世界上第一架飞机终于在这一对兄弟手上诞生了,他们就是著名的莱特兄弟。

在没有飞机的时候,人能在空中飞翔对所有人来说都是荒诞的想法。可如果没有这个荒诞的想法,飞机又怎能产生呢?因此,当你的孩子有一些看似不切实际的想法时,爸爸们不要急于否定,而是要运用合适的方法,做恰当的引导。或许,你的孩子就成了伟大的发明家了呢!

2

有梦想的人从不会孤单,因为他们的梦想会指引他们不断前进。

比尔·盖茨曾有一个梦想:那就是将来让每一个家庭都能拥有一台个人电脑,而那些电脑里运行的都是他编写的软件程序。

为了实现这一梦想,比尔·盖茨格外努力,他进入了美国最先开设计算机课程的学校,并不断学习充电。课余时间,比尔·盖茨不是捧着计算机书刊资料翻阅,就是拿着笔不断推演,举一反三。而他的同窗好友,同时也是后来的合作伙伴保罗·艾伦曾说:"我们都被计算机能做任何事的前景所鼓舞……盖茨和我始终怀有一个伟大的梦想,也许我们真的能干出点名堂。"

于是,微软公司从他们的手上诞生了。软件行业也蓬勃发展,直至如今成为人们生活中的必需品之一。如果没有这一明确的梦想,比尔·盖茨未必能获取如今的成就,而我们也无法通过一根网线了解这大千世界。

实现梦想的必要前提是有一个梦想。这个梦想未必是触手可及的,也可以是看起来不可能实现的。没有梦的人,永远都只能做一个追随者,而非创造者。因此,爸爸要从小培养孩子的大局观,让他们拥有可以为之奋斗一生的伟大梦想。

3

不切实际的梦想是用来做什么的呢？自然是激励孩子进步，促使孩子创造奇迹的。这世上，没什么是不可能的。

有一位马术师的儿子，因为父亲的职业关系，他必须跟着父亲走南闯北来回奔波，可正因为如此，男孩的学业也时常被迫中断，所以他的成绩也不甚理想。

有一天，他拿到了老师出的作文题目，是描述自己长大后的志愿。男孩思考了许久，认认真真写了8页纸，详细阐述了未来的愿望。他说，他长大后想要一个农场，那里有很多很多的牛羊和马匹，他还要在最中间建造一栋6000平方英尺（约557平方米）的住宅。

然而当男孩兴高采烈地交上作业，老师不仅没有给他及格分数，反而还将他喊到了办公室，一脸严肃："知道为什么不给你及格分数吗？"

"不知道。"男孩老老实实回答。

"孩子，人要脚踏实地才好，不要总有一些不切实际的幻想。就你现在这种情况，你觉得你将来买得起农场吗？你知道建造6000平方英尺的住宅要花多少钱吗？拿回去重新写一个靠谱点的愿望，我会考虑给你重新打分。"老师语重心长地说着。

男孩揣着作业回家了，可他还是不甘心，他问父亲该怎么办。父亲想了想，这才郑重回答："儿子，这件事该怎么做取决于你。你是想要一次及格，还是想要坚持自己的梦想？"

父亲的询问瞬间惊醒了儿子，他重重地点了点头。他决定不修改自己的文章,也没有改变自己的梦想。

二十年后,男孩长大了,结果他真的拥有了梦想中的一大片农场,并在农场中央建造了符合心意的豪宅。

他就是美国著名的马术师乔治·莫里斯。

世上一切皆有可能,千万不要因为一时的困境就认为自己的梦想绝无可能实现。未来可期,谁也无法肯定孩子的愿望到底是可行的,还是荒诞不经的。

当所与人都在质疑孩子的梦想时,爸爸要选择支持孩子,给孩子一个勇于为梦想奋斗的环境。

4

大人的世界有很多规矩和束缚,可孩子不一样,他们的梦是毫无边界的。当成年人的规矩与孩子的奇思异想碰撞时,我们需要反思的是,我们有没有用大人的社会经历和经验去约束孩子们?常理是大人需要遵守的,并非是孩子必须遵守的规矩,他们的梦想需要精心呵护。

作为家长和老师,大家更要懂得维护孩子五颜六色的梦想。只有敢想,孩子才有迈出第一步去实现那些梦想的可能。若是想也不敢想,那还有什么事情是能做得成的呢?

因此,只要孩子愿意去梦去想,就让他放心大胆地想吧。真正爱孩子的父母绝不会让他们成为温室的花朵,而是会放手,让他们在跌跌撞撞中成长为参天大树。

孩子的心是最良善和纯粹的,在加拿大有一个男孩名叫瑞恩,他的行为无疑验证了这一点。瑞恩读小学一年级时,老师给孩子们讲了非洲人民的生活状况:那里的孩子从来都没有玩具,也没有足够的食物和药品,甚至连干净的水也没办法喝上。每一年,都有无数人因为喝了污水而痛苦死去。

因此,老师号召孩子们捐款:"一分钱对我们来说可能不算什么,但对非洲的孩子们来说,一分钱等于一支铅笔,60分就可以让一个孩子享受到两个月的医药治疗,两块钱就可以帮他们买一条毯子,70加元(折合人民币约360元)就可以替他们挖一口井,让他们喝上干净的水……"

小小年纪的瑞恩看了眼桌上的水杯,他不敢想象不能喝水的日子,于是他想给非洲的孩子们挖一口井。

但是当瑞恩向妈妈提出要70加元时,妈妈并未立即掏钱,但也没有认为瑞恩只是一时冲动。她告诉瑞恩:"孩子,我们家也不富裕,70加元不是那么容易就能拿出来的。你要捐钱给他们挖井很好,可你也需要靠劳动来挣钱。"

妈妈告诉瑞恩,她希望他能通过努力挣到捐款的钱,比如多承担一些家务,从而换取劳动费。如此一来,慢慢攒到70加元就可以去捐款了。

瑞恩没有哭闹,而是点点头郑重答应:"妈妈,我会努力干活的!"

于是在以后的日子里,瑞恩开始努力干活,当哥哥弟弟出去玩耍时,他独自在家用吸尘器清洗地毯,挣到了两块钱;当全家人一起去看电影时,他独自在家擦玻璃,又挣到了两块钱;有时候早上他还会起早帮爷爷去捡松果,或者是帮邻居收拾狂风暴雨之后一地凌乱的树枝……

4个月之后,瑞恩终于攒够了钱,他兴冲冲地跑去交给了国际组织，然而工作人员却告诉他："对不起，70加元只能买一个水泵，挖水井要2000加元。"

巨大的数字让瑞恩有些震惊，可他并没有放弃，他反而更加努力地干活。足足攒了一年，瑞恩终于攒满了2000加元，在乌干达的安格鲁小学附近捐助了一口水井。

只是瑞恩并没有就此结束这件事情，他一想到还有更多的人喝不到干净的水，就觉得心底发疼，因此他决定继续攒钱，给非洲的孩子们买一台钻井机，好加快他们挖井的速度。从此，让每一个非洲人都能喝上干净的水就成了瑞恩的梦想。令人惊讶的是，瑞恩一直都没有放弃，他真的就这么坚持了下去。

有一天，瑞恩的故事被报道了出来，更多的人知道了这个小男孩的梦想。2001年3月，一个名为"瑞恩的井"的基金会正式成立。如今，基金会筹款已近百万加元，为非洲国家建造了30多口井。这个普通的男孩，也被"我的英雄"项目评为"救命英雄"，被人称为"加拿大的灵魂"。他的事迹和精神影响着更多的人选择去帮助和关爱他人。

童年是每个人必经的人生阶段，这个阶段往往披着令人目眩神迷的色彩。每个孩子的心中都有自己的梦想，这些梦想或许会有些可笑或幼稚，但在那片梦想的天地里，孩子是那里的国王，他们主宰着梦想的进度和方向。

因此，父亲们不要嘲笑孩子们那些看来不切实际的梦想，而是要肯定孩子们敢于追梦的勇气，以及敢于为之奋斗的毅力。或许将来这个梦想未必能够实现，但实现过程中孩子所得到的成长早已远远重于结果。

世界那么大,不如合作闯天下

合作,是现代社会人与人之间联结的重要方式。没有合作,生存都将是一件极其困难的事情,更别说还想获取成功。

1

英国作家塞缪尔·巴特勒说过:"不管一个人的力量大小,他要是跟大家合作,总比一个人单干发挥更大的作用。"

玩具沙箱是很多男生爱玩的东西。这天,某个小男孩在里面玩耍,那里有他的玩具小汽车、敞篷的拉风货车、小水桶以及塑料铲子等等。当小男孩玩得兴起时,他却发现沙箱的中间有一个特别大的岩石,格外影响游戏体验。

于是男孩决定将这块岩石挖出去,他用铲子努力挖着岩石周边的沙子,没费多少力气,岩石便被推到了沙箱的边缘。只是年幼的他这才发现,想要把岩石搬出玩具沙箱真的很难,他没有这个力气。

但小男孩并不想认输,他左摇右晃、手推脚踢,用尽各种方法想要将岩石扔出去,但是每当他觉得成功就在眼前的时候,岩石忽地就滚了下去,重新摔到了沙箱底部。

小男孩只好憋红了脸拼命往外推，可最终岩石还是滚了回来，反倒是砸伤了他的手指。疼痛和失望瞬间击垮了小男孩，他哇的一声就哭了出来。而这一切，男孩的父亲早就在一边看得清清楚楚，只是他一直都站在窗户边，仿佛在等待着什么。

然而小男孩还只是在不停地哭泣着，眼泪怎么也止不住，父亲只好走了过去，蹲下来询问："儿子，你为什么没有尽全力呢？"

"爸爸，我已经尽力了啊！你看我的手。"小男孩哭得更伤心了，他觉得爸爸不理解自己。

可父亲却摇了摇头，温和地说着："不，你没有。孩子，你为什么不请求我的帮助呢？"

说着，父亲弯腰，轻轻松松地将岩石搬出了沙箱。

"帮助别人往上爬的人，会爬得最高。"你帮助一个人取得了一项成就，你也会因此获得相应的奖励。相应地，你帮助的人越多，你接触到的成就也就越多。人总有长处和短处，而一个善于合作的人无疑懂得扬长避短，也因此能获得更大的成功。

2

有一次，某位外国的教育学家邀请了几个中国的小学生参加一项小实验。他准备了一个小口瓶，里面放着七个穿线的彩球，而线的一端露出瓶子，分别握在七个小学生的手里。

教育学家说，这只瓶子代表一幢房屋，而每个彩球就代表一个人。这一天，房子起火，屋内的人必须在规定时间内逃出才能生存下来。逃生的哨子吹响之后，令教育学家意想不到的是，这七位小学生一个接一个地从瓶子里提起了自己的彩球，总共花费的时间甚至都不超过3秒钟！

"真是了不起！你们的合作意识真强。我之前也在别的地方做过这种实验，从来都没有成功过，基本都会因为几个彩球同时卡在了瓶口而失败。真是没想到，你们竟然全都出来了！厉害厉害。"屋子里也随即响起了热烈的掌声。

合作能力的高低是孩子与人交往愉快程度的重要衡量标准之一。善于合作的孩子会显得十分合群，而不善合作的孩子往往会走向孤僻，总是一个人在角落里羡慕地看着别人，或者独自默默舔舐伤口。

3

当今社会中，家庭中的独生子女越来越多，家长也因此容易过分宠溺孩子，以至于很多孩子养成了唯我独尊的霸道意识。他们不懂合作，不懂谦让，认为自己是最重要的，所有人都必须迁就自己。

然而社会是残酷的，没人会像父母一样对孩子百般纵容。因此，父亲在教育过程中需要注重培养孩子的协作意识，帮助他们树立正确的合作意识。

苏强在13岁时以优秀的成绩考入了重点中学的初中部，从开学那天开始便住在学校。只是才不过一个月的时间，苏强就向爸爸提出想要转学。尽管爸爸一再追问，可苏强并不愿意回答原因。

父亲左思右想都觉得不能放任不管，于是悄悄去学校观察了解，这才发现自己儿子虽然成绩很好，可为人处世实在是太差了。

不管什么事情都要争第一，根本就不管他人的想法和感受。之前苏强和同学一起参加演讲比赛，获得团体第一名的好成绩。可奖状只有一张，好胜的苏强认为奖状应该归他，这让另一位同学十分不开心。两人争夺起来，最后苏强一怒之下撕碎了奖状。

平时在宿舍里，苏强和舍友关系也不好，经常有各种小摩擦。于是不过一个月的时间，就没有人再愿意和苏强一起玩了。了解清楚情况后，父亲深感家庭教育的不足，开始有意识地培养孩子的合作意识。

挑了一个周末，爸爸带着苏强一起去参加拓展训练营，共同合作完成任务。这些活动很有意思，苏强参与之后十分高兴，也有些明白什么是队友间互相信任、互相帮助的合作关系。见此，父亲趁热打铁，告诉他团队合作的重要性："你想，就算你足球踢得再好，如果没人给你传球，你一个人怎么打得过对面的球队？"

"嗯。"苏强应了一声，低头没说话。

回家后，父亲委婉地说："你刚开始住校，估计需要一段时间来磨合，不过只要大家互帮互助，互相有爱，住宿生活会很愉快的。不如下周你请同学们来家里玩怎么样？爸爸妈妈也好见见你的同学们。"

苏强犹豫了一下，小声询问："他们会来吗？"

"真心邀请，他们一定会来。"爸爸笑了。

等到再一次周末的时候，苏强真的请来了班上的同学，也终于借此机会表达了歉意，赢得了同学们的友谊。

人从来都不是孤立的个体，需要合作共赢才能获得更好的发展。当你的孩子在合作方面有所欠缺时，爸爸要主动站出来，引导孩子明白与人合作共事的道理。

4

一只手有五个手指,那么这五个手指,哪个最重要呢?

这天,五个手指闲下来就开始讨论这个问题。

大拇指说:"你们看,我是最粗的那个,不管做什么都需要我。你们这四个指头不行。"

食指听了,表示很不服气:"呸,你也知道你自己粗?还有中指,长那么长干什么?无名指又那么细,小拇指短得不行,有什么用?"

中指立即反驳:"我长得长我骄傲,主人只要我一个就能做很多事情。"

一边的无名指也不甘示弱起来:"哎,为什么我叫无名指?难道我不配拥有姓名吗?不过,我真是不想跟那四个指头继续在一起共事了。"

小拇指也在一边低声念叨着:"他们要么太长,要么太粗,一点也不均衡。哪里像我,小巧又可爱,我才是最有用的那一个。"

这时,有一个声音响了起来:"行了,别争了,还是拿实力说话吧。你们谁先帮我拿到垒球,我就承认谁最厉害。"

"这有什么难的?"五个手指齐声说道,随后便分别开始努力。

然而大拇指的腰背都快挺断了,也抓不到垒球。见此,食指轻蔑地一笑,可也抓不起来,只好灰溜溜地躲在一边。紧接着,无名指、中指和小指都一一尝试,却无一不以失败告终。正在此时,小拇指提议他们五个合作来试试,结果轻轻松松就将垒球抓了起来。

众人拾柴火焰高,一个人的力量始终是单薄的,但一旦一群人抱团合作,那股力量则不容轻视。而且在合作中,彼此还能取长补短,用最小的力气获得最大的成就。

在孩子的成长过程中,爸爸一定要告诉孩子不要总是单打独斗,要学会与人精诚合作。要知道,孤胆英雄从来都不存在,因为每一个英雄的背后其实都有无数人在默默奉献。

怕什么,竞争不过是人生常态

有人的地方从来就不会缺少竞争。我们要和别的物种竞争食物,要和大自然竞争掌控权,还要和同伴竞争工作岗位和生存资源,等等。从踏入社会的那一刻起,竞争就无处不在。因此,孩子的成长路上,竞争意识的培养和塑造必不可少。

1

美国一所中学选拔足球队员参加校际间足球赛时,并非选择由体育老师推荐的方式,也不是让教练亲自挑选,而是需要通过一个"淘汰竞争"测试来做出筛选。学校里每个想要参加的人都可以参赛,但能否被选中,还需要看个人表现。

一对华人夫妇的儿子也选择了参赛,只是参赛内容并不轻松,刚开始是绕学校跑3000米,紧接着是三组400米,而后是四组100米往返跑。这么一轮下来,很多学生已经不行了,可淘汰赛并未结束。新的一轮重新开始,直到最终筛选出合适的孩子。

在比赛中,有的学生忍不住吐了,有的甚至当场晕倒。这对夫妇几乎忍不住想告诉儿子放弃吧,可儿子却依旧在咬牙坚持。当儿子结束了竞争下场时,父母忍不住询问:"那些一直在最后的人,明明已经没有希望了,为什么不退出呢?"

是啊,何必再苦苦支撑?可儿子却一脸严肃地说:"爸爸妈妈,自己退出和选不上是两回事。在这里,我们可以退出足球队,可难道在将来的职场上,我们还能一直往后退吗?而且,没到最后一分钟,谁又能肯定我们真的没希望了?"

这是一场在国内很少见的竞争,而美国人喜欢让孩子参加各种团队比赛,他们认为运动的孩子往往身体健康,积极向上,而且这种团队比赛还能培养孩子的合作意识,以及竞争意识。其实,生活中竞争无处不在,害怕和躲避竞争根本毫无意义。爸爸要从小培养孩子的竞争意识,让他们明白胜利时可以喜悦,失败时也不要气馁。在无数次失败或胜利的锤炼中,他们才能被打造出坚韧不拔的性格来。

2

有一个叫蒂娜的12岁女孩,她学习成绩很好,是同学们眼中公认的天才儿童。这其实得益于蒂娜父亲的教育。在蒂娜很小的时候,爸爸就鼓励她参加各种竞赛,让她凡事尽力,不要轻易认输。而在蒂娜还未入学前,爸爸就提前带她学习了一遍一年级的课程,这才让她在校学习事半功倍。

当然,蒂娜也不是永远的第一,她偶尔也会发挥失常,拿回第二第三的名次。这时,蒂娜的爸爸也不会责骂她,而是鼓励蒂娜不要气馁,帮助女儿寻找考试失利的原因,为下次考试吸取经验。

在爸爸的教导下,蒂娜虽然热衷于各种竞赛,但心态一直很乐观,宠辱不惊,是老师和同学眼中的"大人物"。

很多孩子会因为害怕失败而不敢参与竞争,这时爸爸就需要告诉孩子,没有谁一直都是常胜将军,每个人都会经历失败。关键是在失败过后,你能不能站起来重新开始。如果没有竞争的刺激,孩子的成长就会相对比较迟缓。因此,为了孩子未来的发展着想,爸爸们一定要注重培养孩子的竞争意识。

3

勇于竞争,敢于竞争,孩子才能不断完善自我人格,时刻保持进步,成为社会的中流砥柱。如果爸爸未曾注意竞争意识的培养,放任孩子满足于现在的成绩,那么终有一天,这份舒适会"杀死"你的孩子。

刘源是一个农村孩子,初中毕业后就来市里的重点高中学习。然而农村和城市在教育方面的差距让刘源一时间难以适应,尤其是英语课,刘源总是听得云里雾里,不明就里。

等第一学期期末考试结束时,刘源发现自己竟然没有一门功课及格,英语甚至只有30分!满心壮志与现实的挫败相撞击,刘源十分苦恼,开始自卑起来,以至于沉溺到了毫无营养的网络小说中。如此一来,刘源的成绩更是一落千丈,还差点被学校开除。

刘源因此有了退学的心思,可他的爸爸却并不赞同:"你现在退学,和那些战场上的逃兵有什么不同? 你现在是可以选择不学习,可将来到了社会上,难道就因为挣钱困难,你就可以选择不挣钱了吗?"

爸爸的话瞬间刺激到了刘源,他本就是好强的孩子,此后更是发挥了悬梁刺股的刻苦精神,拼命读书。没有多久,刘源的成绩就稳步上升,及至高考时,更是考出了720分的高分,顺利考入心仪的大学。

由此可见,一时的失败并不意味一生的失败。当孩子因为失败而躲避放弃时,爸爸一定要站出来,用过来人的身份警醒孩子,让他们清晰认识到竞争的重要性。

4

积极参与竞争是好的,可爸爸也要让孩子树立正确的竞争心态,一个好的心态能让孩子胜不骄败不馁。很多时候,输赢并不重要,重要的是参与的过程。

8岁的韩嫣然是一个非常要强的女孩子,凡事都要争第一。如果没有拿到第一,哪怕是第二,她也会哭闹不止。有一次,韩嫣然和同学比试写字,她输了,结果韩嫣然当场就哭了起来。见此,爸爸赶紧疏导,耐心告诉她每个人都有长处和短处。如果她真的不服气,可以苦练写字,争取下次获得胜利。

好在韩嫣然年纪不大,很信任爸爸,于是听话练字,直到赢了之前那个同学。

　　生活中处处都是竞争，若是每个人输了都哭闹不止，那这个世界恐怕就要乱套了。而输了只会哭泣的孩子永远不会受欢迎，也很难在社会上立足。因此父母要及时教导孩子正确对待输赢，切勿过分注重结果。只有在挫折中不断成长的孩子，才能真正成长为一名强者。

豁达，是你看待这个世界的角度

　　豁达的人生有着疏疏朗朗的明阔。当一个人懂得了如何豁达地面对人生，他离成功也就不远了。

1

　　有一位幼儿园老师留下了一个任务，要求孩子们在土豆上写上自己最讨厌的人的名字，然后放进塑料袋里带着，无论去什么地方都不能丢下。那些讨厌的人多的人，塑料袋里的土豆就越多。时间一长，土豆渐渐发霉，发出难闻的气味，可老师告诉他们一周后才能扔掉。

　　等孩子们终于开心地扔掉土豆时，老师语重心长道："怨恨就如同这土豆的臭味一样难闻,你们怎么能忍受怨恨的毒气浸染你们的一生呢? 所以,不要牢记仇恨,要学会忘记和原谅,同时也是放过自己。"

真正的强者都有一颗强大的心,他们懂得如何与别人和谐相处,也明白争吵不能解决任何事情。很多时候,退一步海阔天空。现代社会工作环境复杂,勾心斗角也不少,一颗宽容的心能让你在生活和工作中减少怨气,结交更多的朋友。

孩子在学习生活中难免会和同学发生摩擦,而解决摩擦的方法并不是争吵,而是学会理解和宽容他人。多一点忍让,多一些关心,孩子也会发现生活没有想象中那么糟糕。所以,父亲要从小培养孩子的宽容之心, 不要让他们幼小的心灵被嫉妒和怨恨侵占,失去了原谅和包容的能力。

2

对幼小的孩子而言,学会宽容并不是一件容易的事情,但这始终是孩子必须学习的课程。爸爸应当在日常生活中身体力行,潜移默化地影响孩子。

这天,虎虎气冲冲地从学校回来,跟爸爸告状:"爸爸,昨天杨树借了我的魔法棒玩,可今天还给我的时候我发现电池都没电了。我自己都不舍得玩,他怎么可以这样? "

说着,虎虎的眼泪就要掉下来了,爸爸连忙搂住他,问道:"那他道歉了吗? "

"他说了对不起,可是道歉有什么用? 电池的电难道就能回来了吗？"虎虎还是很委屈。

见此，爸爸又安慰了几句才说："傻孩子，电池没了可以再买，可朋友没了就是真的没了。不就是几节电池，没必要生气。等周末我就带你去买新电池。"

虎虎这才渐渐停止了哭泣，妈妈也在旁边附和着："是啊，你难道忘了你把涛涛遥控汽车弄坏的事情了？那时候，涛涛骂你什么了吗？虎虎，妈妈和爸爸也希望你能大度一点，不要计较这些小事情。"

虎虎的脸一点点红了，抹着眼泪低声说："对不起妈妈，我现在就给他打电话，告诉他没事。"让虎虎没想到的是，杨树的爸爸妈妈知道这件事情后，立刻就从家里拿了备用电池，让杨树第二天带给他。

一个孩子的心中若是充满了怨恨，那他的人生将再无阳光。作为家长，要正确引导孩子严于律己，宽以待人，告诉孩子豁达人生的乐趣所在。

3

宽容的爸爸，才能教导出宽容的孩子。如果爸爸是一个自私自利斤斤计较之人，想要孩子变得豁达，实在是一件难于登天的事情。可如果在日常生活中，爸爸能够妥善处理好家庭之间的矛盾，善于站在他人的角度考虑问题，那么他的孩子就会看在眼里，记在心里。

当孩子犯错时，爸爸也切勿坚信棍棒底下出孝子，而是要多做引导。正如老子所言，牙齿看似坚硬，可人老了之后，牙齿却是最先掉的。舌头虽然柔软,却一直都在。宽容也是如此,它有着润物细无声的力量,能够悄无声息地温暖孩子的心扉,拉近人们之间的关系。

4

快乐,是孩子追求的东西,因此,当孩子在宽容中感受到快乐时,他们往往会更加懂得宽容的力量。如果你的孩子和同伴发生了争吵,爸爸要及时教导孩子换位思考,体谅对方的心情,并主动讲和。这时,对方往往也会认识到错误,彼此之间的情谊反而会越发深厚。在未曾涉及原则性的内容上,退一步选择宽容,孩子也会发现原来世界是如此广阔而明快。

"我一定要报复他!"菲利普气得不行,以至于没看见朋友史蒂芬过来了。

史蒂芬有些好奇:"你要报复谁?"

"就是那个小罗宾!我不过是在玩我的竹条时失手打翻了他一罐水,罐子都没有碎,我还主动说帮他重新打满,结果他跳过来就抢走了竹条,还掰断了扔在地上!"菲利普越说越气。

史蒂芬摇了摇头:"亲爱的,这值得你生气吗?小罗宾就是那么暴躁的人,所以他才一直没有朋友,你何必跟他计较,白白浪费时间。"

"可是那竹条是我父亲送我的礼物,我特别喜欢!"菲利普还是很生气。

"好吧,可我还是建议你不要去报复他。上次我看见他被一只蜜蜂蜇了,他叫嚣着报复就去捅了蜜蜂窝,结果浑身上下瞬间就被叮了几百个包。你看,报复很可能给自己带来更大的伤痛,所以我还是觉得你别去报复了。他的坏点子太多了,你恐怕斗不过他。"史蒂芬继续劝着。

"哎,好吧,我承认你说得对。我也不想陷入我报复他,他捉弄我的恶性循环。"菲利普叹了口气答应下来。

拥有宽容之心的孩子往往性情温暖,阳光向上,能够建立良好的人际关系;而心思狭隘的孩子往往性格古怪,喜欢独来独往。因此,如果想让孩子将来能够更好地立足社会,请一定要教会他们宽容处事,恰当地处理人际关系。

你的视野,就是你人生的高度

卡尔·威特说:"自然界的一草一木都可随时成为教育的素材,自然界新诞生的一切都可以成为孩子认识与注意的对象。世界上再没有比大自然更好的老师了,它教给人无穷无尽的知识。"

视野宽阔的孩子无论是认知能力,思考角度,还是见识长短,以及获取信息的能力等,都比别的孩子要强得多。若想培养出这样的孩子,爸爸们不妨让孩子们放下课本,去大自然中感受更开阔的世界。

1

应试教育下,孩子学习压力越来越大,广大父母总担心课外读物会影响孩子的成长学习。但其实广泛阅读才是提升孩子眼界的良好方法,是培养孩子思维宽度以及思考能力的有效途径。

孩子的知识面越宽广,将来遇到问题时正确应对的概率就越高。若是离开了广泛阅读,孩子的人生将是狭小而又灰暗的,会缺少许多明亮的色彩。

美国前总统小布什的母亲芭芭拉在谈到通过广泛的阅读开阔孩子视野时说:我总是给他们读各种各样的书,我有时还会故意停下来问他们有何感想,如果孩子们提出了我不了解的问题,我会在下一次阅读时替他们解答。对于他们主动提议要看的书,我更是及时买回。我知道,养成阅读的习惯并不容易,可我也清楚阅读的重要意义。因此,我会倾尽所有为他们创造好的读书氛围。我为什么最喜欢沃克(小布什的名字)? 因为他一直都有广泛阅读的习惯。

余秋雨先生曾经这样评论过广泛阅读的功能,他说:"它能把辽阔的时间浇灌给你,能把一切高贵生命早已飘散的信号传递给你,能把无数的智慧和美好对比着愚昧和丑陋一起呈现给你。区区五尺之躯,短短几十年光阴,居然能驰骋古今,经天纬地,这种奇迹的产生,至少有一半要归功于广泛的阅读。"

很多功成名就的人士在年轻时都乐于阅读。年少时的积累会在他们漫长的一生中发挥巨大的作用,为他们人生的美满奠定良好的基石。

2

"读万卷书,行万里路"是很多人的人生追求,因为漫长的人生中,我们的身体和灵魂总得有一个在路上。而这两者其实是互补的状态,行知合一才是最佳方式。

大多数父母都格外注重孩子的考试分数,可天津美术学院的一位老师却并非如此,他甚至允许孩子不参加考试。从小黎勇7岁爱上轮滑运动开始,曹敬钢就带着儿子小黎勇周游全国,14年间已经游历了33个省、自治区、直辖市和特别行政区,从莫高窟到吐鲁番、乌鲁木齐,从库尔勒到西安,从大连、旅顺到拉萨……

10000多张图片,3600多分钟的录像,无数张火车票、住宿票、景点门票,这就是曹敬钢、曹黎勇这对父子10多年的收获。14岁小黎勇的社会阅历甚至超越了一些成年人,即便父亲有时无法照顾他,他也可以一个人离开天津,独自去上海等地参加轮滑比赛,吃饭、住宿也全都自己解决,完全不需要大人帮忙。

对于别人的质疑,曹敬钢表示完全放心儿子。因为对小黎勇来说,去一个陌生的城市就如同出门逛街一样,根本毫无压力。在曹敬钢的教育下,小黎勇要比同龄人更加成熟稳重,也拥有更多的社会经验,还有全国各地的朋友,小小年纪生活十分精彩,而这些,都不是坐在课堂上就能学到的。

圈于温室的孩子是无法经历挫折的,父亲要学会放养,让孩子去大自然中体验生活,去丰富课文之外的知识和情感。在大自然的洗礼下,他们会变得更加开明和活泼,人生也才会更加圆满。

3

丰富的想象力往往是创造的基础,而拓展孩子的想象力可以通过讲故事来实现。一个故事,无非就是开始、过程、结束三个部分,人物的一生也在这三个部分实现价值。而孩子听故事时通常会将自己代入主人公的角色,跟随爸爸们的讲述去过完那跌宕起伏的一生。

那些人生是孩子无法亲身体验,却可以通过沉浸到故事里去深入感受,从而幻想出一个更为浪漫的故事来,这就是孩子想象力的拓展方式。

这天,5岁的董阳因为好奇拆了家里的闹钟,所以爸爸回来之后发现闹钟的零件满地都是,不由得训斥道:"怎么回事? 为什么拆闹钟? 拆了为什么不装好? "

"我就是好奇而已,而且拆了之后就装不起来了,我能怎么办? "董阳的回答理直气壮。

爸爸气得不行,可他知道这个时候打骂是没用的,只好坐下来耐心地说了发明家爱迪生的故事,还告诉董阳只要他坚持装闹钟,肯定可以成功。这的确激起了董阳的好胜心,他立即收拾着地上的零件,在爸爸的帮助下拼好了闹钟。

董阳在手工方面很有天赋,也因此日益骄傲,就连上课都不认真听讲了。父亲知道之后,依旧选择了讲一个故事,名字叫做《龟兔赛跑》。说完之后,爸爸问:"知道为什么兔子跑不过乌龟吗? "

"还不是因为兔子太骄傲了,躺着睡觉怎么能赢?"董阳有些不屑。

"那你上课睡觉,难道和小兔子有什么区别吗?"爸爸反问一句,顿时让董阳羞红了脸。从此以后,董阳开始认真听课。而父亲也发现了故事的力量,时常挑一些故事讲给董阳听,逐渐教导他成为一个细心礼貌的好孩子。

合理运用故事引导孩子树立正确的价值观,是一种非常有效的教育方式。因为故事中的人物具有一定的榜样作用,会引导孩子不断模仿学习。无数事实证明,讲故事这种方式,远比单纯讲大道理更能让孩子接受。

Part 3

理智的能量

—— 还有什么比这个更让人自豪

教育孩子既简单又复杂，如果你掌握了恰当的教育方式，一切都将显得顺其自然，但如果选错了方式，那将是一场令人头疼的灾难。

冷静，想想你送孩子上学的初衷

进入社会，才是孩子面临真正考验的时候。进入社会后，别人看的永远不是分数，而是为人处世以及解决事情的能力。童年只有一次，从来没有重来的机会。因此，你难道还要为了分数而牺牲孩子其他方面的能力塑造吗？

1

列夫·托尔斯泰曾说："一个人就好比是一个分数，他的实际才能好比分子，而他对自己的估计好比分母，分母愈大则分数值愈小。"

考试分数的高低并不能代表孩子的全部，也不能决定这个孩子将来的成就。爸爸们不能只看孩子的成绩，而是要多方位考察，注重孩子的全面发展和成长。

2

著名教育家叶圣陶在教育长子叶至善时一再强调，不应把分数看得太重，而应把能否消化所学的知识，作为学习好坏的重要标准。

　　叶至善在小学时曾因学习成绩不佳留级三次，对此母亲总是忧心忡忡，但父亲叶圣陶却从不多说什么。他认为分数并不能说明一切，也不能证明他的孩子没有学到知识。

　　后来，叶至善通过努力考取了一所以学风严格、学生成绩优异而闻名的省立中学，结果才读了一年就因为四门课程不及格要留级，他难过得哭了起来。

　　叶圣陶依旧没有责怪儿子，他知道儿子就是不擅长死记硬背，也知道儿子的语言表达能力并不弱，知识面也算宽广。因此，叶老给儿子换了一所私立中学，这里并不一味追求死记硬背，而叶至善也在这里重新爱上了学习，他可以愉快地看各种课外读物，还能学习唱歌和口琴。

　　虽然叶圣陶不注重成绩，可他十分看重阅读量的拓展，诸如房龙的《人类的故事》、伊林的《五年计划故事》，都会指定儿子必读，还会为了儿子去买一本没有标点的《唐五代词》，让儿子学习断句。当然，叶圣陶自身也十分喜爱看书，书架上全是书，孩子们如果想读都可以自行拿去。

　　除此之外，叶圣陶还鼓励孩子多去社会生活中实践学习，他称呼社会经历为"没有字的书"。在叶至善读高中的那一年，叶圣陶还特地给儿子买了天文望远镜和显微镜，鼓励儿子去多加关注自然。空闲时，叶圣陶还会时常问一些生物知识，比如槐树为什么属于植物等，他总是有意识地锻炼儿子的思考和表达能力。

　　等叶至善22岁了，叶圣陶又开始让他学习写作和编辑知识，一步步教导他。最终，叶至善也成为著名作家，曾先后担任全国政协副秘书长和中国青年出版社、中国少儿出版社编审委员会副主任等职。

美国心理学家霍华德·加德纳指出，人有八种相对独立的智能：语言智能、数理逻辑智能、空间智能、身体动觉智能、音乐智能、人际智能、内省智能、自然观察智能。人各有异，智能结构自然也会存在差异。只是我们如今的考试制度主要考究语、数、外、生、物、化，因此语言智能和数理逻辑智能强的人就占优势，而这方面弱的人就吃亏。但实际上，这八种智能结构都同样重要。

因此，当孩子成绩差时，父母可以尝试挖掘一些他们其他方面的才能，不必执着于分数。

3

生活中很多孩子害怕考试，因为担心考差了就会让爸爸失望。但一个人如果眼中只有分数，那么他的人生将丧失多样性。再者，分数背后还隐藏着许多考察内容，比如孩子上次错的题目，这一次有没有做对？孩子考试的时候身体状况如何？孩子是否进步了……

爸爸们不要只盯着分数，而是要学会带着孩子一起分析分数较低的原因，帮助孩子进步，而不只是给孩子更多的压力。

袁园英语考试考了倒数第二名，妈妈知道了很生气，不停数落，爸爸却笑了："好歹不是倒数第一，已经很不错了。"

"呸，非得倒数第一你才知道急是不是？都怪你，平时都不管……"妻子埋怨道。

爸爸想了想说："好，那以后我来管儿子的学习，你别插手。"说完，爸爸走近低着头的袁园，摸摸他的头安慰道："没关系，你爸我小时候也考过倒数第二名。"

袁园一脸惊讶:"爸爸你不是一直说自己是全班第一吗?"

"嘘,那是骗你妈妈的。"爸爸说话的时候有些得意。

"那爸爸上学的时候也不是好学生?"袁园犹豫着问。

"嘿,谁说倒数第二就不是好学生了?人都有失手的时候呀。"爸爸摇摇头,语重心长道,"不过自从我考了倒数第二名之后,我知道我不能再这样下去,所以发奋学习,后来每次都考得很好。爸爸相信你也一样,只要你肯努力,拿下英语根本不在话下。"

袁园备受鼓舞,认真学习,等到第二次考英语的时候成绩果然进步了不少,爸爸很是高兴,可袁园还是不太满足:"可是爸爸,我成绩还是属于下等,这次试卷比较简单,我们班还有几个一百分呢!"

"那又怎么样?我只看见你比上次进步了。这意味着你真的可以做到,不是吗?爸爸相信,下次你的成绩一定会更好。"爸爸笑着鼓励。

于是在爸爸一次又一次的鼓励下,袁园的成绩越来越好。

分数永远都不是判断一个孩子优劣的唯一标准,爸爸一定要摒弃这一错误思想,更不要将孩子的人生仅仅押在学习成绩上。相较于成绩,孩子的心理健康、人格塑造,以及动手能力,要更为重要。

成人,永远要比成功重要。如果连一个人都算不上,还谈什么成功?爸爸必须对孩子的一生负责,切勿短视,只看得见眼前的分数。

你可知,"爱因斯坦"就这样没了

当孩子提出一些幼稚又可笑的问题时,你千万不要嘲笑,而是要认真解答。

1

每个人都有好奇心,但孩子往往是好奇心最重的人。苏联教育家苏霍姆林斯基曾说:"在儿童的心灵深处,都有一种根深蒂固的需要,就是希望自己是一个发现者、探索者和成功者。"很多在成年人眼里稀松平常的东西,在孩子看来都是神奇的存在,因此他们会问出十万个为什么的问题。

当孩子问出为什么的时候,爸爸应当尽力给出正确的答复,这也是树立父亲威严和形象的有效方式。面对孩子的提问,爸爸要避免回答"不知道"。即便是真的不知道,爸爸也应当和孩子一起查阅资料,一同获取答案,而不是仅仅用不知道三个字去敷衍了事。

无论何时,当孩子提出疑问时,父亲都不应因为不耐烦而斥责,否则就会扼杀孩子的好奇心,以及他们对探索未知世界的热忱。

2

塞德兹的儿子总爱提出各种稀奇古怪的问题,而塞德兹也一直都认真解答,从不敷衍了事,也从不嘲笑孩子某些天真到可笑的问题。

有一次,小塞德兹问:"爸爸,我不明白,进化论中说人是猴子变来的,这是真的吗?"

"我也无法完全确定,不过达尔文的理论是存在合理性的。"塞德兹如实回答。

小塞德兹依旧追问下去:"那么为什么现在还有猴子?为什么那些猴子没有变成人?"

笑了笑,塞德兹回答:"书里不是写了吗?只有一部分猴子进化成了人类,还有另一部分依旧只是猴子。"

小塞德兹摇摇头:"可我觉得不对,既然是进化论,那么猴子就应该都进化,而不应该有猴子掉队。"

"什么意思?"

"我觉得,没进化的那群猴子也应该变成一群能上树的人。"

小塞德兹一本正经地说着,忽然哈赛先生插话进来:"哈哈,可以上树的人不就是猴子嘛。"

然而小塞德兹依旧一脸严肃:"不,请不要开玩笑。我和我爸爸在讨论进化论。"

哈赛先生闭了嘴,可脸上却满是不以为然。只是塞德兹依旧耐心解释:"可是儿子,那是不可能的,因为就是有一部分猴子没有进化。"

"为什么他们没进化?"

"这解释起来有些复杂，可确实这就是事实。"塞德兹有些无奈。

"为什么？"小塞德兹仍旧不肯放弃。

"大概……和物种以及生存条件有关。"

"什么生存条件？那么猴子是怎样受到影响的？"小塞德兹追问不休。

塞德兹只好继续解释："据我了解，一群猴子因为某些原因来地面生活，他们逐渐退化了攀爬能力，又渐渐学会了用两条腿走路，慢慢就变成了类人猿。可另一部分还住在树上，所以没有进化。"

"原来如此，可是像猴子一样难道不好吗？多么灵活。"小塞德兹又冒出了另一个问题。

"我们的身体虽然没猴子灵活，可大脑要聪明得多。"塞德兹笑了。

"这有什么用？又不能让我们在树上跳来跳去。"

"没有灵活的大脑，我们怎么创造出现在这些文明来？你要是指望那些跳来跳去的猴子，那是不可能的。"

"文明是什么？为什么要创造它？"小塞德兹问道。

"因为文明代表着人类的进步。"塞德兹解释着。

"可是为什么要进步呢？"

"因为只有人类进步了才能有好的生活，也只有这样才能使我们和动物区别开来。"

"为什么要和动物区别开来，难道它们不好吗？"

于是，小塞德兹的问题连续不断，可塞德兹总是尽心尽力地回答，以至于一边的哈赛先生都看不下去了，忍不住问道："你的问题可真多，就不怕难倒你父亲吗？"

"没事，只要是儿子的问题，我都会尽力解答，就算不知道，我们也会共同查阅资料来解决。"塞德兹哈哈一笑。

不管小塞德兹提出多少问题,问题又是多么幼稚,塞德兹总是耐心回答,并不断验证自己的知识,可谓是共赢的局面。而在这过程中,孩子也能感受到父亲的关爱,这才是正确而又和谐的亲子关系。

3

优秀的爸爸在孩子提问时,甚至还会引导孩子思考,让他们自行得出答案,或者是引申一个新的问题,让他们进一步思考。

佳佳从小就喜欢提各种问题,比如为什么小鸟会飞,可小鸡却不会。面对她的问题,妈妈总是尽职解答,可随着佳佳年龄的增长,她的问题越来越习难,妈妈经常跟爸爸慨叹快要回答不上女儿的问题了。

见此,爸爸认为要教导孩子自己追寻答案,而不是遇到问题就来问家长。因为只有这样才能培养她解决问题的能力。

有一次,佳佳看见了一只蜜蜂,她便问爸爸蜜蜂的家在哪里,又从哪里来。爸爸当然知道这种蜜蜂是从养蜂人家里飞来的,可他没有立即回答,而是对佳佳说:"我也不知道它从哪里来,不如我们跟着看看吧。"

和孩子一起跟踪一只小小的蜜蜂,很多家长都不愿意做,可佳佳的爸爸却如此做了,带着佳佳小心跟踪,终于在傍晚的时候找到了小蜜蜂的来处。通过这件事情,佳佳也体会到了自行发现答案的喜悦。

事实证明，孩子问题多是一件好事，这证明孩子思考得多。爸爸的耐心解答能够有效保护孩子的好奇心，并促使他们进一步自行探索思考。

4

瓦特从小就有着强烈的好奇心，邻居也总爱称赞他聪明伶俐，他提出的一些问题有时候甚至会难倒一些大人。有一次，他看见奶奶在厨房烧水，水开了之后，壶盖就被顶了起来，他好奇地问："奶奶，壶盖为什么会起来？"

"因为水开了就有了水蒸气，壶盖就被水蒸气顶起来了。"奶奶笑着解释。

可瓦特有些不信："水蒸气这么厉害？我不信，里面一定有神奇的小动物。"说着瓦特就拿开壶盖看，可里面除了水还是水，根本就没有小动物。

瓦特不由追问道："奶奶，那为什么只有水开了，壶盖才会被顶起来呢？"

这时瓦特的父亲听见动静过来，笑着告诉瓦特水蒸气很厉害，以后他可以好好观察观察。父亲的话勾起了瓦特巨大的好奇心，从此，瓦特就如同中了魔一般，没事的时候就爱盯着烧水壶看，一看就是好几个小时。

他想，既然一壶水能推动一个壶盖，那么是不是说用更多的水制造更多的水蒸气，就能推动分量更重的东西了呢？在这种思考下，瓦特不断努力研究，终于制造出了蒸汽机，而人类社会也因此进入了"蒸汽时代"。

在孩子的眼中,世界是神秘而又新鲜的。他们的眼底满是好奇和渴望。当他们迫切地询问时,爸爸要用十足的耐心解答,引导孩子去发现更多的未知事物。因为坚持不懈的探索精神,往往是孩子走向成功的重要因素。

每个孩子都是天才,只是成才的路径不同

意大利教育家蒙台梭利说得好:"每个人的成长都有一个程序,他在某个年龄特征段该领悟什么样的问题,其实是固定的,你没办法强求,过分人为地加以干涉只会毁了他。"

1

著名作家郑渊洁写过一篇博文《请让孩子输在起跑线上》。他认为,近年在教育领域对家长误导最严重的一句话是"别让孩子输在起跑线上"。如果说人生是一场竞赛,那么"输在起跑线"这句形容只适用于短跑,因为对长跑而言,持久度和耐力才是最关键的。

孩子的成长需要家长的长期培养,并不能采取揠苗助长般

的速成模式。在不同的阶段,做恰当的事情,是父亲最应当对孩子做好的引导。比如在童年时期,孩子就应该锻炼身体,保持旺盛的好奇心和探索欲,而不是日复一日地锁在逼仄的空间里看书写字……

美国研究儿童心理的专家格塞尔认为,支配孩子心理发展的因素有两个,一个是成熟,一个是学习。两者权衡,成熟更为重要。他曾做过一个著名的实验——双生子爬梯。其中一个从出生后46周起,连续6周每天做10分钟爬梯训练,到第52周,他能熟练地爬上5级楼梯。另一个从53周才开始进行爬梯训练。两周以后,不用别人帮助,他就可以爬到楼梯的顶端。由此,格赛尔得出结论:不成熟就无从产生学习,学习只是对成熟起一种催化作用。无目的地提前训练,可能给孩子带来生理和心理上的负担,影响孩子对学习的兴趣,对人和事的兴趣,甚至影响到他们对生活和未来的态度。

人生不是100米的短跑竞赛,而是比马拉松还要漫长的长跑,初期的名次决定不了什么,爸爸们应该注重的是孩子未来的长期发展。

2

望子成龙,望女成凤是每个爸爸的期望,因此很多孩子往往一出生就背负了爸爸过高的期望。也正因如此,爸爸们会强迫孩子参加各种兴趣班或补习班,哪怕是孩子明确表达了厌恶也不曾改变想法。

作为父亲,希望自家孩子优秀是再正常不过的心理,可无论如何,父亲也需要考虑到孩子的实际承受能力,万万不能将自己所有的期望一股脑地全部压在孩子稚嫩的肩膀上。揠苗助长只会坏事,脚踏实地的孩子才能获得最后的成功。

孩子的快乐重要还是成功重要?这个问题早有答案,那就是快乐。爸爸们要对孩子抱有合理期待,而不是让孩子一生都在追求一个遥不可及的目标。

3

农作物尚且需要时间发育才能成熟,孩子更是如此。他们有自身的成长规律,爸爸们万不可急于拔苗助长。

爱迪生上学不过3个月就被勒令退学,可他的母亲从未对孩子失去信心,而是一直鼓励和称赞,这才成就了一代发明大王;爱因斯坦直至4岁还不会说话,在小学时也被认定为有智力缺陷,但他的父亲从不气馁,一直贴心鼓励;美国总统威尔逊9岁时才完全记住26个英文字母,12岁时学会识字……

试想,如果这些人的父母因为孩子某些方面的不足就彻底否定了他们,我们还能看到他们成功的一天吗?名震中外的科学家在成长的过程中尚且会遇到各种困难,更何况无数普通的孩子呢?

人这一生固然千姿百态,可每个孩子也是独立不可复制的个体,他们拥有自己单独的、不可干扰的成长历程。将某些孩子成功的经历套用到另一个孩子身上,未必能得到同等的效果。因材施教,才是帮助孩子成长的最佳方式。若是不顾一切地揠苗助长,其实离把孩子养废也就不远了。

4

郑渊洁是童话大王，他的笔下是无数可爱或温情的童话故事。可小时候，郑渊洁却是个不折不扣的差生。因为他上课总是捣乱，老师看他很不顺眼，时常训斥他是全班最没出息的人。

每当这时，郑渊洁都表示不服气，他明明文笔好故事好，还有丰富的想象力，怎么就没出息了？这份对自己的清晰认知让郑渊洁在写作的道路上越走越好，最终成为当代颇具影响力的童话作家。有人询问他成功的秘诀，他只是笑一笑说："我只不过是有幸发掘了最适合自己的才能区而已。"

由此可见，爸爸们应该明白，每个孩子都有自己的特点，也有自己的最佳才能区。因此爸爸们不要总是拿孩子跟别人家的孩子比较。或许别人家的孩子数学很好，但你们家的孩子语文非常棒，这两者之间根本就没有可比性而言。样样出色十项全能的孩子只会出现在小说中，父亲万万不要期待太高。

当代父亲需要做的，是不断挖掘孩子的长处和优点，尽力放大他们身上的闪光点，而不是盯着孩子的短板，让他们拼命将短板延长延长再延长。实际上，把这些时间花费在长处的塑造上，或许你的孩子早已获得了成功。一味地让孩子在短板处摔倒，只会打击孩子的自信，让他们觉得自己是个废物，最后彻底消沉下去。

因此，在孩子的教育方面，父亲万不可浮躁急躁，要沉下心来仔细分析最适合孩子的成长方案。你的孩子可以不用要风得风要雨得雨，但一定要有健全的人格，要开朗乐观，要孝顺父母，要一生幸福。须知，一时的得失算不得什么，一辈子那么长，总有机会获得更好的。

惊喜总在后面,你真的听完孩子的话了吗

倾听,从来都不难,只要你愿意用心。

1

德国教育学家斯普朗格曾这样说道:"教育的核心是人格心灵的唤醒,教育的最终目的不是传授已有的东西,而是要把人的创造力诱导出来,将生命感、价值感唤醒。"爸爸要舍得花时间,去认真倾听孩子最真切的心声,用爱和温暖包容孩子的一切,引导他们做一个善良有爱的人。

一位小男孩参加了一个家庭互动节目,主持人问他:"你长大了想做什么?"

"飞行员!最优秀的那一种!"小男孩绷着脸,声音稚气却又清亮透彻。

"那如果有一天,你驾驶着飞机带着一群人去了一个很远的地方,但还没降落的时候,飞机的油用完了,你该怎么办呢?"主持人追问。

"嗯。我想我会先让那些人系好安全带,保证安全,然后我就背上降落伞跳下去。"小男孩想得十分认真。

这个答案让在场的人忍不住都笑了起来,主持人也显得有些

意外。大家看着小朋友的眼神变得有些异样。在这种目光的注视下,小男孩有些尴尬,眼圈有点红了。

主持人想了想,还是问了下去:"那你为什么自己一个人跳伞呢?"

"因为我要去拿燃料啊。等我拿好燃料回来,他们就都没事啦。"小男孩理所当然地说着,在场的人却一瞬间全都愣住了。

他们万万没想到小男孩会给出这样的答案。好一会儿,主持人先反应过来,他率先鼓掌:"孩子,加油!我们相信你以后肯定是一名优秀的飞行员。"

在未曾了解一个人真正的答案时切勿草率判断。比如上文,如果主持人没有继续询问,小男孩那颗善良又真挚的心又有谁能猜到呢?

2

倾听,是一种礼貌,更是对说话者的尊敬。当你认真倾听一个人诉说时,对方是能真切感受到的。而认真的聆听会拉进双方的距离,父亲与孩子也是如此。当孩子在诉说的时候,父亲要学会认真倾听,而不是无所谓地随便听听。

父母的关注和倾听能够增强孩子的自信心和安全感,也能在无形中教育孩子,让他们明白认真倾听是一种对人的基本尊重。当他们长大与别人交流时也更容易与他人交心。

因此,当孩子在与你说话时,无论你在说什么,请看着孩子的眼睛,认真仔细地聆听。就算孩子的观点和话语有些断断续续,父母也应当完整听完他们的叙述,而不是听到一半就不耐烦地打断。如果你不赞同他们的阐述,请给出明确的理由,而非简单粗暴地说不行。孩子的想法是奇妙的,不听到最后,你永远不知道他们究竟想说什么。

3

有一位爸爸,如此考验着自己6岁的儿子:"儿子,如果爸爸跟你出去玩的时候特别渴,但是身边又没有水,你带了两个苹果,你愿意和我一起分享吗?"

"唔,爸爸,我会先咬一口苹果看看。"儿子奶声奶气地回答着。

这是不太愿意的意思吗?爸爸的心情有些低落,却还是强忍着内心的失落问着:"能告诉爸爸为什么吗?"

"因为我想要挑一个最甜的给爸爸呀。"儿子笑嘻嘻地说着,一脸纯真。

这个答案让爸爸愣住了,泪水瞬间盈满了他的眼眶,他为拥有这样懂事的儿子而开心,也为自己听完了儿子的阐述而感到庆幸。

完整倾听孩子的想法是打开孩子心门的最佳钥匙,可很多父亲却往往没有耐心仔细倾听。他们虽然会关注孩子的回答,可一旦听到不想要的内容就主动关闭了再沟通的大门,而这往往会造成对孩子的误解。

对孩子来说,被打断和被误解会让他们满心委屈,将来和别人交流时也难免带上心理阴影,造成某些交流方面的障碍。

4

　　希伯伦的父母都是知识分子，在家庭教育方面表现非常不错，因此希伯伦即便年纪不大也能看得懂很多书籍。而他的父母也允许希伯伦随意翻阅自己的藏书，偶尔有不懂的地方也都尽力为他解答。随着年龄的逐渐增长，希伯伦对知识的需求越发旺盛，而他的父亲也鼓励他参加各种课外活动，并且时常陪伴参加。

　　在这种环境中，希伯伦和父亲关系良好。因此当希伯伦某天表示要退学的时候，希伯伦的父亲并未暴跳如雷，而是细心询问理由。

　　希伯伦解释道："爸爸，老师讲课太无聊了，明明是一些早就讲过好几遍的问题，可偏偏还要在那里重复讲，我实在是有些听不下去。"

　　他的回答让父亲反应过来，儿子的水平已经超越了同龄人，可他还是劝道："虽说如此，但你也要考虑班上其他的同学。如果老师不重复讲，他们听不懂怎么办？老师可不是为你一个人服务的，他们需要让每一个孩子都学会知识。"

　　父亲这么一说，希伯伦也觉得很有道理，于是父子俩开始一起琢磨该怎么解决这件事情。虽然心中早有定数，可父亲并没有直接给出建议，而是旁敲侧击地引导着希伯伦。

　　终于希伯伦开心地拍了拍手："爸爸，我想到了！您可以给我买点好的书籍，这样一来，我除了上课还能自己看点东西，我想这应该就够了。"

　　"好。"父亲欣慰地笑了，因为这也正是他的想法。

成年人总是喜欢打断别人,喜欢将自己的意志强行加到别人身上去。可面对孩子时,爸爸们要收起这种惯性思维,要懂得引导孩子去思考,去自己得出答案,而不是一味地服从和听从。当孩子一时半会儿不能厘清思绪时,爸爸应当给予鼓励,告诉孩子不要急,慢慢来。

如此,孩子的语言表达能力和逻辑思维能力才能被有效开发。一个善于倾听的爸爸,往往会促使孩子更加积极地探索未知事物,从而不断地发现问题、解决问题,直至成为一个优秀的人。

记住,你是在养孩子不是在养花

孩子总会有任性发脾气的时候,那时你是选择理解,还是责骂?对爸爸而言,控制情绪相当关键,因为这会影响到孩子将来的心理健康。

1

这一天,艾伦在教他8岁的大儿子怎么用割草机割草,期间氛围相当融洽。只是当他教到如何在尽头将割草机掉头时,妻子忽然喊了他一声,艾伦下意识地回头回答,等再回头时却发现大儿子已经把割草机推到了草坪旁边的花园里,那里留下了一条宽宽的痕迹!

　　这可是他精心侍弄的花圃,也是邻居们时常称赞的魅力花圃,于是艾伦有些控制不住自己的脾气了,他的音量逐渐增大。

　　见此,妻子很快赶了过来,一把按住他的肩膀:"艾伦,你要明白,我们养的是小孩,不是这些花!"

2

　　冷战在亲密关系中并不可取,可在与孩子的相处中,爸爸要学会适当使用"冷处理"。当遭遇一些让自己着急上火之事时,爸爸先不要急着训斥或责骂孩子,而是要站在一边,让自己冷静下来。怒火会让人失去理智,做出一些意料之外的事来。

　　教育孩子并不需要靠大声吼叫来输出,事实证明,温和的态度往往更能引导孩子认识到错误,并产生一定的愧疚心理,让孩子主动承认错误。打骂永远都不是教育的唯一方法,也通常解决不了任何问题。只是教育孩子的分寸需要各位爸爸自行在实际生活中去把控,因为不同的孩子承受能力不同。

　　有的孩子天生心理脆弱,爸爸们但凡话说重一些就很糟糕,但有的孩子却能接受冷静克制的批判。这都需要爸爸根据孩子的特点来选择正确的教育方式。

　　暴怒前,请各位爸爸默念"人非圣贤孰能无过"。成年人尚且会犯错,更何况是各方面都还未成熟的孩子。这么一想,是否觉得对孩子犯错的容忍度变高了一些?随着年龄的增长,孩子会形成一套自己的认知,虽然这其中可能有很多不足,但爸爸们也不要贸然全盘否认。

　　大人的世界是规则明确的,但小孩的世界却需要他们自己不

断修缮弥补。况且，每一代人的生活环境都不一样，有些老旧的观念的确不适合新时代环境下成长起来的孩子们。这时，爸爸们就需要放下身段，靠近孩子的心灵世界，去了解他们真正的想法。

沟通，永远都是促进亲子关系的有效手段。

3

原生家庭对孩子的影响巨大，一个脾气火爆的父亲绝对培养不出一名绅士。

有一次，罗斯福的朋友找到他，跟他说自己的小儿子离家出走了，言辞间将小儿子说得格外不堪，指责他整天只会捣乱，从来都不管别人的想法。

面对老友的指责，罗斯福意味深长地说："与你相反，我认为你儿子没什么做得不对的地方。一个人如果在家里得不到正确的对待，他为什么要还要继续待在那里？"

过了几天，罗斯福无意中碰到了老友的小儿子，立即问道："你离家出走是什么情况？"

男孩没有隐瞒罗斯福，据实以告："上校，我也不想这样，可我每次找爸爸说事情，他都会莫名其妙地发火，他从来都不会听完我说的话。我实在是受不了了，我想，在他眼里我什么都不是，或许他根本就不想我再出现在他面前。"

罗斯福闻言摇头劝道："孩子，你还不懂，对你父亲来说，你永远是最重要的人。"

男孩并不太相信，只是笑着附和："但愿吧上校，但如果真是这样，我也希望他能换一种表达方式，而不是用这种糟糕的方式。"

分别后,罗斯福立即去找了老友,结果发现老友听完之后立即暴跳如雷,不由摇头道:"你看看你现在这副样子,如果我是你儿子,我也要离家出走。我甚至很好奇,他是怎么忍到现在才离开的?你如果真的爱他,的确应该找他好好聊聊了。"

愤怒的伤害从来不是单方面的,它不仅伤害到你的对立面,也会反过来伤害到你自己。学会克制愤怒,是每一位爸爸的必修课。

4

孩子一直都在成长,相应地,爸爸也需要不断修炼,才能成为更靠谱更出色的爸爸。一个懂得控制情绪、能够找对教育方法的爸爸,永远都能很好地掌控和孩子之间的关系,获得亲密的亲子关系,帮助孩子成长为一名优秀的成年人。

有一位爸爸发现自己的儿子早恋了,可他没有暴怒地冲上去质问,也没有回家告诉妈妈,而是一直思考如何用最合适的方法教育孩子不要早恋。

第二天,爸爸终于找到了方法,他以庆祝升职为理由让妻子准备了丰盛的晚餐。在饭桌上,爸爸就开始了表演,他倒了一杯酒,感叹着:"儿子,这杯酒我们要感谢你妈,她这些年勤苦操劳,才维持住了我们这个幸福的家庭。"

紧接着,爸爸又端起一杯酒:"这第二杯,我要和你喝,儿子,你是爸爸的骄傲!"

喝完后,爸爸终于扯回了重心,开着玩笑说儿子长得帅,在班上一定吸引了不少女孩子喜欢。对此，妈妈数落爸爸胡说八道，爸爸却和妈妈争了起来："嘿，当年我上中学的时候，你不也是喜欢我的吗？"

"呸，我才没说过这话。"妈妈哼了一声。

爸爸顿时笑了："你是没说，但我心里清楚。我还记得你那时是文艺委员，我是班长，其实我那个时候就已经很喜欢你了。"

"我怎么不知道？"妈妈一脸惊讶。

"哈哈，这种事情我怎么会说。那时我们还都是学生，说了也不现实，我们总不见得直接就领证结婚吧。"爸爸笑了起来，随即严肃说道，"而且我心里清楚，要想娶你，我就得好好学习，和你一起考取好大学，这样将来才有娶你的资本，是不是？不信你问儿子，我做的对不对？不然我现在也娶不到你啊。"

妈妈笑得一脸幸福，爸爸想了想又问："你还记得我们上一届那一对恋爱的学生吗？我听说那个女孩子后来怀孕了，那个男孩子的腿也被女孩子的爸爸打断了。"

"好像是有这事。"妈妈回忆着说道。

"哎，怎么不记得了呢？那个男的不就是菜市场西边第三家那个杀鸡的吗？当年他的成绩特别好，只是可惜早恋毁一生，连腿都给伤了一条。"

"那他后来和那个女孩子结婚了吗？"儿子这时忽然插嘴问道。

"怎么可能结婚？否则她爸为啥打断他一条腿？"

"为什么打断他的腿？"儿子不解。

"让她女儿怀孕了，还不该打断腿？"爸爸说得相当直接。

儿子似乎还想问什么，但爸爸继续说了下去："后来那个女孩去做了人流，转了学校，虽说嫁了人但很快又离了，现在就不知道怎么样啦。"

　　说着，爸爸又看向儿子："你可要好好学学你爸爸，千万别因为有漂亮女孩子追求就昏了头，否则不仅前程没了，也绝不可能得到幸福。"

　　儿子沉默了下去，可自此以后，爸爸再也没看见儿子和那个女孩有过来往。

　　故事里的爸爸很聪明，他没有一棒子"打死"儿子，而是先让自己冷静下来，然后用一个真实案例告诉儿子早恋的危害。这种方式不是说教，也不是强硬地灌输思想，反而能够让孩子自己反省，从而自觉做出相应的改变。

Part *4*

技能训练

—— 还有什么比这个更值得传授

父母不可能永远陪伴在孩子身边，可很多父母往往选择性忽略这一事实。迟早有一天孩子要独自面对生活的一切，因此爸爸需要让孩子尽快适应社会规则，在挫折和磨难中成长起来。

世间最美的童话就是画本里的蓝色苹果

世界是需要想象力的,然而很多大人往往只要求自己的孩子记忆前人的经验,这往往会造成孩子学习和探索能力的缺失,反而不利于孩子的成长。

1

有国外育儿专家主张:"对孩子的教育要顺乎天性,崇尚自然,尊重孩子自己的想象,无论那想象是怎样的离奇和怪诞,本质上却是在尊重孩子自由幻想的权利。这就是对孩子创造天性的最大的保护。"想象力是创造的基础,如果一个孩子没有想象力,那么他就丧失了任何创造的可能。因为一切的创新和进步都是从想象起步的。

某幼儿园里的小孩正拿着蓝色画笔画一个又大又圆的东西,来访的幼教专家询问:"小朋友,你画的是什么?"

"大苹果。"孩子笑眯眯回答。

幼教专家有些错愕,可没想到的是,幼儿园的老师跑过来看了之后,笑着摸摸孩子的头:"很好,画得很棒。"

这更是让幼教专家不解,孩子明明画错了,老师为什么还鼓励他呢?终于,幼教专家忍不住问了出来,老师的回答也很理所当然："我为什么要扼杀孩子的创造力？万一这个孩子以后真的种出了蓝色的苹果呢？就算不能，以后他吃苹果的时候也会明白苹果的颜色。"

是啊，我们为什么总是要将孩子的想象力扼杀在摇篮中？正是因为这些想象力，孩子才能不断创新，才能始终对这个世界保持旺盛的好奇心和求知欲。

2

歌德是家中的独生子，因此深得父母的宠爱。有时间的时候，父亲总是拉着他去公园里玩，或者到田野里散步，在玩的过程中趁机教歌德唱一些通俗易懂的歌谣。父亲希望能够在游戏中让孩子学到一些知识。

而歌德的母亲更是深谙教育的真谛，从歌德2岁开始就每天给歌德讲故事，刚开始是讲一些短篇的小故事，后来就慢慢变成长篇故事。而她讲故事的方式也与众不同，不是那种从头到尾的讲述，而是类似国内章回体小说那种形式，每次说到某个重要转折关头时，母亲就会停下来，表示要休息一会儿，借此让歌德去思考和想象后续的剧情发展，乃至推演结局。

小歌德也很认真，有时会特地跑去跟奶奶讨论。等到第二天歌德说出自己的猜想时，母亲总是很高兴，她很喜欢歌德认真思考后推演的剧情发展。

正是因为出色的家庭教育，歌德才能在文学、音乐、绘画多方面受到良好的熏陶。所以他在8岁时就精通4国语言，成年后更是写下了许多名著——最具代表性的就是《浮士德》。

3

最近倩倩总是在电视里看到这样一句广告词："好地板自己会说话。"

终于有一天倩倩再次看见以后,爸爸顺嘴问道:"倩倩,你说,为啥地板会说话?"

倩倩没有多想,立即就回答了出来:"也许地板和我们一样,也有自己的家庭和生活呢?"

爸爸立即笑了,点头称是:"对,你可能不知道,有的木头本来就是药材,它们是树家族里面的医生,人们生病了都会找过去。"

"那我觉得有的树是歌唱家,那些小鸟的叫声就是它们唱歌的声音。哦,对啦,有的树肯定还特别聪明,别人都叫它博士。"倩倩笑眯眯地发散着思维,尽情想象着。

爸爸忍不住又问了下去:"这些树都有自己的名字,那地板,你又该怎么称呼呢?"

倩倩想了好一会儿,笑道:"嗯。这里有两块地板,一块叫爱丽丝,是一个特别善良的姑娘,做作业永远都是一百分,超级聪明。她的哥哥是另一块地板,叫卢卡,医术惊人,能治很多疑难杂症。"

听见倩倩这么说,爸爸没有觉得幼稚,反而帮着一起想象各种情节,比如穿什么衣服,吃什么东西等,就好像这两兄妹真的存在一样。

故事讲完好几天,倩倩忽然特别高兴地从屋子里冲出来,手里拿着一叠手稿,原来她将之前讨论的故事写了出来,题目就是《神奇的地板》。父亲看了之后,既表示了称赞,也指出了其中的不足之处,帮着女儿修改了稿子。等到两人都满意之后,倩倩干脆寄给了一个童话故事杂志社,最终获得了发表。

　　孩子就是如此,只要父母能够鼓励他们放心大胆地想象,他们真的能创造出一个虚拟的世界来。但现在的应试教育强调的是孩子的总结归纳能力,并非发散的想象力和创新力,这就需要家长更多地承担起这部分的责任,让孩子在鼓励中展开想象的翅膀,自由翱翔。

4

　　国庆节的时候,黄炜跟着爸爸去广州旅游,因为出发的时候福州气温有些低,因此黄炜多穿了一件外套,谁知广州天气比较热,他不得不脱下外套塞进包里。

　　旅游归来后,喜欢思考的黄炜有了新的主意,既然多带的外套有时候是个累赘,那么能不能利用它做一些事情呢?比如改装成背包?这一想法虽然让家长和同学都觉得奇怪,可是他的科技指导老师却表示很感兴趣。

　　于是黄炜的爸爸陪他去市场购买了相关材料,而后设计出了一件背包御寒两用的夹克衫,并在后来的第十八届全国发明展览会上获得金奖。

　　拥有想象力的孩子是灵动而富有诗意的,他们的思维活跃,不受常规的束缚。相反,没有想象力的孩子脑海中里只有千千万万个标准答案,永远都跳脱不出同一种思维的桎梏。在他们眼里,天空就该是蓝色的,花儿就只是一种植物,没有任何情感的传递。然而标准答案只会让这个世界越来越相似和单一,变得毫无特色可言。

纵观那些被爸爸保护得很好的孩子，他们往往都富有想象力，在同一件事情上，他们会给出自己独特的解决方案，而不是全都挤在一条所谓的标准答案上。他们是开朗而又乐观的，不会因为某个失败而悲伤，因为他们眼中的世界格外广阔，一城一地的得失根本就不算什么。

右脑训练法：破茧成蝶我们去看看

人类获得知识，通常是通过视觉和听觉，因此耳聪目明是一个极好的形容词，它表示那个人能够很好地接受和传递世界上的信息。

1

观察是一种有目的、有计划、有步骤的知觉。它是通过眼睛看、耳朵听、鼻子闻、嘴巴尝、手指摸等去有目的地认识周围事物的过程。观察力是孩子认识周围事物的一种能力，是在综合视觉、听觉、触觉、嗅觉、方位、距离、图形辨别、认识时间等多种能力的基础上发展起来的。敏锐的观察力可以帮助孩子轻松获取知识，从而走向成功。

历史上许多有成就的人,都有着卓越的观察力。

英国生理学家埃德加·道格拉斯·艾德里安小时候非常喜欢解剖小动物,他经常抓一些小动物进行解剖,细心观察后还会绘成图。有一次,他母亲看到他在河边解剖一条死去的流浪狗,明确表示了自己的不满,觉得艾德里安的行为有辱门面。

然而艾德里安却有理有据地反驳:"妈妈,不用担心,我只是想要看看它肚子里面究竟是什么样的而已。这是一件好事,因为老师说过,观察是科学研究的第一步。"

因为事事爱探究和观察,1908年,艾德里安获得科学奖学金,进入剑桥圣三一学院学习生理学。1932年,艾德里安获得了诺贝尔生理学及医学奖。

观察能力的高低固然会受到遗传的影响,但更多的却是受后天环境和教育的影响。因此,如果要让孩子更加聪慧灵敏,请从小就培养孩子的观察能力,无论是观察人,还是动物或者是植物,都不失为良好的方法。

2

没有敏锐的观察,人类恐怕会错失很多科学发现。而观察是一种有意识的、主动的和系统的知觉活动,是有意识知觉的高级形式,是孩子实现创新的不可缺少的能力。

巴甫洛夫说过:"在你研究、实验、观察的时候,不要做一个事实的保管人。你应当力图深入事物根源的奥秘,应当百折不挠地探求支配事实的规律。"简言之,就是说我们观察事物要细致入微,要学会透过现象看到事物背后的本质,继而实现创新。

达·芬奇十四岁时师从画家韦罗基奥,韦罗基奥的画室是当时佛罗伦萨最先进的画室之一。

对于这位老师,达·芬奇十分满意,可入学后,老师却让他天天画蛋。年少的达·芬奇认为画蛋毫无难度,瞬间就画了好多个,可这一画就是十几天,达·芬奇终于无法忍受了,他的不耐烦清晰地写在了脸上。韦罗基奥发现了这一点,语重心长道:"知道我是在锻炼你的观察力吗?一千个蛋都没有两个是完全一样的,你现在要做的就是,在无数个鸡蛋里迅速抓住它们之间的差别。"

"而且,你看这个鸡蛋这么放,阴影在这里,是不是更圆一点?你转到那边去看,是不是觉得这个蛋又扁了一点?换一个角度去看,鸡蛋都是不一样的。如果鸡蛋的位置再重新摆放,光线的投射又会发生变化,这些都需要你去仔细观察,所以你要多角度去观察一个鸡蛋。等你学会了画蛋,你再画什么都能很快上手了。"

如此一来,达·芬奇才明白了韦罗基奥的良苦用心。而且,他学会的不仅仅是怎么观察事物,更是如何去思考问题。于是,达·芬奇继续苦练基本功,并创造了一种被人称为"薄雾法"的绘画技巧。

多角度观察往往能帮助孩子更细致地观察事物,且培养孩子多角度思考的习惯。日常生活中,父亲也应该教导孩子多用不同的视角去看待事物,而不是单一地从某一面去武断地做出判断。

3

达尔文从小就喜欢研究动植物,也喜欢观察动植物。出于兴趣,达尔文自行制作标本并做了简单记录,有的还在旁边画了简单的插图。然而他的舅舅却指出了这份记录的不足,他说:"像你这样只做标记是不够的。你还要把自己当成画家,是那种用文字描述的画家。当别人看到你的文字描述之后,能够立刻反应过来你说的到底是什么。你要知道,搞科学研究不是观察就够的,你还需要一定的文字功底。"

从此,达尔文果真拿出了一个专用记事本,专门记录日常生活中的各种观察结果,并不时写下自己的想法。几十年后,达尔文根据多年来的观察记录写出了《物种起源》,成为世界著名的生物学家。

细致的观察,能够让孩子获得某些问题的第一手资料,可只有进一步的整理和思考,才能引导孩子更有针对性地去观察,从而得出正确的结论。

父亲不仅仅要鼓励孩子多多观察,还要帮助孩子总结分析观察之后得到的数据。

4

任寰,7岁写诗,9岁发表作品,10岁出版第一本诗集,12岁加入河北省作家协会,18岁考入北京大学中文系。至今已出版诗、文集7部,发表各类文章近500篇,多次获国际、国内文学奖。

　　但其实她小时候因为生病并不爱说话，就连每次去医院治病也从不多话。因为不说话，她特别擅长用眼睛观察，用耳朵倾听。而沉默总需要一个宣泄口，当作家的父亲身体力行教她如何观察和思考之后，任寰开始在日记中记录生活。

　　小学二年级时，父亲便开始有意识地带她出去旅游，去认识大自然的美好，并挖掘其中的美丽和奥妙。三年级时，父亲又开始引导她更多地去考察人的心理，去揣摩不同人的心理特征和需求。正是因为父亲的引导，才有了后来的《10岁女孩任寰诗文选》，就连著名诗歌评论家谢冕都曾称赞过这本诗集的灵性。

　　带任寰去公园里玩时，父亲会在出门前布置好任务，让她注意观察公园里事物的特点，回家后要写好日记。任寰并不反感这种教育方式，相反，她很喜欢亲近大自然，也有着极为旺盛的求知欲。对于父亲的嘱咐，任寰总是认真完成，也因此观察到了万事万物的变化，观察到了四季的风光，这些都对任寰的写作有着巨大的帮助。

世间大不同，你要学会多种解法

思维是人类的高级认识活动。世上总有很多东西是人类无法直接认识和感知到的，但借助思维，人们可以适当地做出一些预判，来推测事物的发展。

1

所谓思维能力，就是指一个人的思考能力，它是人才必备素质之一，也是衡量孩子智力的重要标准。

这天中午，北宋著名哲学家邵康节与他12岁的儿子邵伯温正在院子里乘凉，忽然院子外面有个人朝里面看了一眼，而后又立刻退了回去。

"你说他在看什么？"邵康节问道。

"我猜他是小偷，不过因为看见人，所以赶紧跑啦。"儿子立即回答。

然而邵康节摇了摇头："不对。"

紧接着，他又启发了起来："如果是小偷，他肯定一看到人就跑，怎么会还要看一眼呢？"

儿子沉默了，好一会儿才说："那他可能在找东西。"

邵康节点点头，追问："那你猜他是找大东西，还是小东西？"

"大东西。"儿子立即回答。

邵康节笑着点头，又问："那你觉得什么大东西会跑到咱们院子里来？而且那个人打扮得像个农民，你猜他是来找什么的？"

"牛！"儿子十分肯定。

"对了，儿子，他就是来找牛的。不过你以后也要自己动脑筋才是，不要胡乱判断。"邵康节满意点头。

思维能力是智力结构的核心，是培养孩子创造力最重要的智力因素。从心理学讲，思维是人脑对客观事物间接和概括的认识过程，透过这个过程，可以把握事物的一般属性和本质属性。在思维活动中，为了提出和解决现实生活中的各种问题，人们会进行各种心智操作，也就是不同阶段的心理活动。它们主要包括分析、综合、比较、抽象、概括和具体化。

提高孩子的思维能力，特别是创造性思维能力是父亲必须重视的。孔子说，学而不思则罔，思而不学则殆。思维能力是孩子不断进步的基础，如果缺乏这部分能力，孩子难以取得较大的成就。因此，爸爸们不要忘记告诉孩子，只有经过思考，那些得来的知识才会真正转化为自己成长的养料。

2

优优做作业总喜欢问妈妈问题，可妈妈发现她并不是自己不会，而是懒得动脑筋，于是妈妈便找借口说自己很忙，没时间帮她。这样一来，优优只有拿着练习本去问爸爸。

爸爸看了一眼习题，却道："来，爸爸先给你讲个故事。"

从前有一只小蜗牛，有一天它路过一个水坑，发现自己背上的壳又重又难看,就去问妈妈为什么它们需要这个壳。蜗牛妈妈解释说是因为它们蜗牛没有骨骼支撑身体,所以需要一个壳来保护它们。

可小蜗牛反问了一句:"小毛毛虫也没骨头,那它们为什么没有壳?"

"因为它们长大了会变蝴蝶呀。"

"那蚯蚓呢?"

"它们会钻到土里,大地是它们的保护层呢。"

听到这里,小蜗牛哇地哭了起来:"那为什么只有我们这么可怜?只能自己背个壳,又重又难看。"

讲到这里,爸爸停了下来,问着:"你猜蜗牛妈妈是怎么安慰小蜗牛的?"

"嗯……妈妈来保护你?"优优犹豫着回答道。

爸爸摇了摇头说:"不是,蜗牛妈妈告诉小蜗牛,它们可以自己保护自己,这难道不好吗?"

"我也想要一个壳,爸爸。"优优忽然说道。

"你有啊,我们虽然没有蜗牛壳,但我们有脑壳啊。积极用脑,你就能解决大多数问题。"

优优忽然明白了爸爸讲这个故事的意思,自己默默做题去了。

人的思考能力也具有"马太效应":越喜欢思考的人越能思考,越不想思考的人越不能思考。孩子如果不能保持思考,那么他们就会渐渐失去思考的能力,最终认定自己就是天生不善于思考。而自我设限往往是人生最大的障碍,孩子不能单纯依靠父母,因为爸爸妈妈可以达到的思考高度有限。如果孩子放弃了自我思考的能力,那么终其一生,他们都摆脱不了父母的影响。

3

高斯从小就是个数学天才，他那个当泥瓦厂工头的父亲每周六都要给工人发薪水。在高斯3岁那年，父亲正在计算要发的薪水，小高斯却站起来说父亲错了，而后报出了另外一个数目。原来刚才小高斯也一直在默默计算爸爸应该支付的工钱。众人重算一遍之后发现，小高斯说的数字是对的。

当高斯9岁时，老师出了一道难题，让孩子们从1加到100，本以为这群小孩解不出来这等难题，谁知才不过一分钟，高斯就给出了答案，而其他学生还在努力计算着。

老师询问答案，小高斯报出了5050。

老师惊呆了，因为答案是正确的。而后高斯告诉老师，他发现了规律，因为1加100等于101、2加99等于101……这样的等式一共有50个，因此这道题可以化简为"50×101＝5050"。

在很多人看来个，高斯就是一个天才，是神童，可很多时候，所谓神童并非是脑子有多聪明，而是他们比普通人更会思考。

一个会独立思考的孩子，无论是在创造力，还是在思维能力方面都可以碾压许多同龄人。因此父亲一定要注意培养孩子的独立思考能力，让他们懂得通过思考去改变人生。

4

美籍华人科学家杨振宁提出：优秀的学生并不在于一定要有优秀的成绩，而在于有优秀的思维方式。不善于思考问题的孩子没有资格去领导他人,最终只能接受他人的领导。如果孩子善于思考问题,则会站得更高,看得更远。

　　有一次,美国一位主持人问一个七八岁的女孩:"你长大以后想做什么?"女孩很自信地答道:"总统。"全场观众哗然。
　　主持人也表示很震惊,问道:"那你觉得为什么美国至今都没有出过女总统?"
　　女孩毫不犹豫:"因为没有男人给女人投票。"
　　"你确定是因为男人不肯投票?"
　　"是。"
　　主持人笑了,对观众说:"愿意投她一票的男人请举手。"一些男人稀稀拉拉地举起了手。主持人又开口了:"你看,有人给你投票的。"
　　"连三分之一的人数都没有。"
　　主持人立即表示不相信,喊道:"请在场的男人都举起手来。"
　　在所有人的笑声中,男人的手都举了起来。然而女孩还是不在意,她笑得轻蔑:"他们根本不是真心的。"
　　话音落下,全场震惊,而后是一片久久不息的掌声。

　　面对主持人的步步紧逼,女孩完全凭借自己的独立思考得出了正确的答案,从容回答主持人的提问,而这种独立思考的能力往往是很多孩子所欠缺的。
　　但其实,人唯一能彻底控制的就是自己的思考能力。正确的行动只会建立在正确的思考之上。每一个成大事者必然是勤于思考的人。他们懂得思考的力量,也知道只有思考才能带领他们走出困境。

当孩子学会质疑，正是你该欣慰的时候

西方哲学家狄德罗曾经说过："怀疑是走向哲学的第一步。"当我们能够提出自己的疑问，提出自己的质疑时，就说明我们对这个问题有了自己独立的思考。在此基础上，我们才能够找到新的方法，从而以最快的速度解决问题。

1

孩子生性好疑，因为世界对他们而言是新鲜而陌生的。明代有一位学者说过："学贵有疑，小疑则小进，大疑则大进。"针对孩子的质疑，爸爸们应该学会因势利导，抓住时机做好教育工作。因为当孩子学会了质疑，他们也就学会了独立思考，不会人云亦云，随波逐流。

居里夫人的大女儿伊雷娜从小就十分聪明，有一次去听法国物理学家保罗·朗之万和其他科学家的课时，他们刚好讲到阿基米德的浮力定律。朗之万提出了一个问题：根据阿基米德定律，物体浸入水中的体积一定等于排出的水的体积。但是，如果在水中放一条金鱼，它却不会排出相应体积的水，这是为什么呢？

孩子们纷纷皱眉思考，有人说是因为金鱼有鳞片，阻碍了水的排出。也有人说金鱼到了水里会缩起身体;还有人说阿基米德定律只适用于非生物,不适用于生物。一个个假设被丢了出来,朗之万十分高兴。

然而伊雷娜却怀疑起了问题本身,她想知道,金鱼放进去之后真得不会排出相应体积的水吗? 如果是一条大鱼,它也不会排出相应体积的水吗? 于是伊雷娜亲自做了实验,用事实向老师证明,原来金鱼放进去之后和王冠一样,都会排出相应体积的水。孩子们向老师提出了抗议,责怪老师不该出错误的问题,害得他们白白地浪费许多的脑力和时间。

朗之万哈哈大笑,其实他是有意出这个错误问题的,他想让孩子们自己从迷宫中找出一条正确的道路来。

不盲从老师和权威,伊雷娜始终保持科学的思维方法,并勇于质疑。正是因为如此,她后来才发现了人工放射性同位素,并获得了诺贝尔奖。

正如大文学家巴尔扎克所说:"生活的智慧大概就在于逢事都问个为什么。"喜欢质疑的孩子总是能够取得成就的。

2

杜冰蟾,15岁发明了"汉字全息码",一举解决了汉字电脑化的世界性大难题,是中国"汉字全息码"的最小发明家。他作为世界发明家被载入《世界名人录》,成为其中年龄最小的一个。

杜冰蟾的成功离不开父亲的鼓励和支持。父亲校对《新部首大辞典》原稿时,会喊她来帮忙,这不但给了小冰蟾学习的机会,同时也为她的成功奠定了基础。

在校对过程中,杜冰蟾发现了"义"字用两个部首都能查到,就询问父亲。父亲解释说:"'义'的部首很难确定,所以两个部都收入义字。"

"那为什么不按笔顺规则来收呢? 如果按先上后下的笔顺规则,'义'字只收集一个部就可以了。"

父亲深觉有理,鼓励女儿说:"你说得很有道理,你也可以按着自己的思路搞一套部首检索法呀!"

在父亲的鼓励和支持下,经过一段时间的分解和编排,小冰蟾终于将部首的拼音、笔顺、笔画非常顺利地编进了26个拉丁字母的键盘和01~99的两位数,从而解决了汉字电脑化的大难题。经过3年的艰苦努力,小冰蟾终于发明了"汉字全息码",把方块汉字输入了电脑。

从20世纪末至今,世界上已有400多套汉字编码问世,但杜冰蟾的"汉字全息码"仍以其简单易用的巨大优势压倒了大多数编码方法。

没有质疑就没有创新。爸爸要警惕孩子全盘接受外来知识,要引导孩子学会质疑那些知识,而并非告诉他们世界上只有一个标准答案,你们只需要记住那些答案就可以了。

3

权威并不代表完全正确,在权威面前,我们仍要保持独立思考,敢于质疑权威的正确性。当然,质疑也不意味着挑战和怀疑一切,因为我们追求的只是独立的思考方式。

　　小泽征尔去欧洲参加指挥大赛，决赛时他被安排在最后。评委交给他一张乐谱，小泽征尔稍做准备便全神贯注地指挥起来。过了一会儿他忽然发现乐曲中有不和谐的地方，一开始他以为是因为自己演奏的失误，但几次停下重奏后，他逐渐确认这是乐谱的问题。

　　在场的权威人士都表示乐谱没有问题，小泽征尔几乎动摇了，可犹豫再三，他还是坚信自己的判断是正确的。于是，他大声说："不！一定是乐谱错了！"谁知话音刚落，评委们立即站起来，向他报以热烈的掌声，祝贺他大赛夺魁。

　　原来，这是评委们精心设计的一个圈套，以试探指挥家们在发现错误而权威人士不承认的情况下，是否能够坚持自己的判断。事实证明，三名选手中，只有小泽征尔相信自己而不附和权威们的意见，从而摘得了这次世界音乐指挥家大赛的桂冠。

　　作为当代父母，我们更应鼓励孩子大胆质疑，敢于否定既定的权威，敢于说出自己内心的想法。如此，孩子才可以建立自信以及树立坚定的自我价值观。

4

　　琴纳是一位医生，他亲眼看过很多可爱的孩童染上天花，却因为用不起特效药而痛苦死去。直到有一天，他在一个奶牛场发现一位挤奶的女工，尽管她经常护理天花病人，却从没有得过天花。琴纳不禁很是疑惑，为什么这位挤奶工没有染上天花？

　　探索和求知欲促使琴纳前去询问，后来才知道原来这位挤奶工幼时得过从牛身上传染的牛瘟病。那么，是不是只要人们感染过牛瘟病,就对天花具有免疫力了呢?

想到就做,琴纳立即开始研究,采集牛痘亲力亲为,但没有人愿意给他做实验,因此他只好让不到两岁的儿子来承担这次风险。所幸接种后,儿子的表现一切正常。但为了验证这个疫苗是否有用,他还必须亲自给儿子接种天花病毒。

为了让更多的孩子能够免于天花病毒的荼毒,他毅然决然地开始了这项实验,好在老天眷顾,他的猜想没错。从此,接种牛痘防治天花的方法从英国迅速传播到世界各地。

实际上,我们身边常常有各种各样的机会,但很多人往往会因为缺乏思考和质疑的精神而未能捕捉到这些机遇。所以不要去羡慕那些发明创造者,多观察观察周围,或许下一个发明家就是你。

放下书包,我们去探险吧

人生有限,但人生中的美好是无限的。人类一直都在追求探索未知,并逐渐将各种不可能变为可能。这是人类科技巨大的进步,也是时代进步的必然结果。

1

意大利著名教育家蒙台梭利在一篇观察日记中这样写道：

一天，孩子们围成一圈，有说有笑。圈子中间放着一个水盆，盆里漂浮着许多有趣的玩具。

人群外站着一个3岁左右的小孩，他对那些玩具也充满了好奇。我远远地看着他走近，可他有些瘦小，也没什么力气，显然挤不进去。时间一长，小家伙顿时有些着急，小脸上的表情格外生动。

忽地，他发现了不远处的一张小椅子。他费力地将小椅子搬到了这群孩子后面，然后慢慢爬了上去，脸上是满满的期待。谁也没料到，这个时候老师忽然拎了他一把，将他举得高高的，让他一眼就看清了水盆。

这一瞬间，小家伙脸上的期待忽然全都消失了，那是一种莫名得到之后的茫然和呆滞。

由此可见，聪明的爸爸要学会鼓励孩子去实现自我探索，而不是大包大揽地替孩子做好一切。因为探索本身，就是一件十分有趣的事情。

2

一天，一位父亲带着5岁的孩子找到一位著名的化学家，想了解这位大人物是如何踏上成功之路的。然而化学家没有阐述自己的奋斗经历,他只是带着这对父子到了化学实验室。

一进去,孩子显然十分好奇,到处看看摸摸,当他伸手摸到某个不知名的瓶子时,父亲的呵斥声忽然从身后传来,吓得孩子立即缩回了手,不敢再随便乱动。

于是化学家哈哈笑了起来:"你看,我已经回答你的问题了。"父亲有些疑惑,却见化学家一脸淡定地将手指放进了溶液里,笑着解释:"它不是什么危险品,只是普通的染过色的水而已。你的呵斥虽然是为了保护孩子,可也会赶走一个可能的天才。"

在漫长的人生路上,孩子必然会遇到各种新奇的事物,而天生自带的探索精神会让他们主动去寻找这些东西的价值。但如果父亲为了保护孩子而剥夺了这种探索精神,他们最终只能成为温室里的花朵,不会有什么惊人的成就。

3

英国冒险家费内斯曾多次到南北两极探险。他曾经说:"探险是我一生最大的乐趣。有时候为了攻克某个难关,你如果不想放弃,就必须冒险。换句话说,人生如果不冒险就不会有收获。世界上的伟人,都是在经历了风险之后才最终取得成功的。对于青年人来说,从小就培养他们的探险精神,让他们懂得如何规避风险是非常重要的,其重要性并不亚于学习数学和语言。"

一对夫妻带着一个男孩去游乐场玩,男孩指着秋千问是什么,爸爸解释说是秋千,是可以让人坐在上面荡来荡去的东西,特别有意思。

　　说着爸爸就将孩子抱了上去，然而当秋千晃荡起来之后，男孩瞬间就吓哭了："爸爸，我害怕，我会摔下去的！"

　　妈妈立即想要伸手接过孩子，可爸爸却阻止了妈妈，对孩子说："你只要抓紧两边的绳子不松手就绝不会掉下来。"

　　"不，爸爸，我害怕！"

　　"好，那我抱你下来，我就自己先玩啦。"爸爸将男孩抱下来之后就自己坐了上去，不一会儿就荡得很高。

　　儿子在一边看得很是羡慕，爸爸乘机询问儿子要不要来试试，儿子自然一口答应，却要求爸爸在旁边站着，万一他摔下来一定要接住他。

　　爸爸答应下来，小男孩终于坐了上去，然而扭了半天却没让秋千荡起来，爸爸忍不住嘲笑孩子："我的宝贝，你确定你是在荡秋千吗？你这样子就跟在身上抓虱子没什么两样。"

　　男孩一听这话，似乎有点泄气。

　　这时，爸爸连忙说道："别气馁，你再多尝试尝试，秋千就能荡起来了。"

　　妈妈也连忙附和："哦，我想起来了，我第一次荡秋千的时候也是这个样子的。"

　　"是吗？"男孩听到妈妈这么说，一下子就来劲了，"那我再用力荡几下！"说着，小屁股不住地做出用力的姿势。

　　"是这样的，"爸爸及时鼓励道，"每个人第一次荡秋千的时候都很害怕，总是害怕会摔下来。实际上，只要你紧紧抓住绳子，就不会摔下来。"

　　慢慢地，男孩的秋千开始荡起来了，爸爸微笑地看着他，说："爸爸第一次荡秋千的时候也是害怕得要命，坐在那里一动也不敢动。你比爸爸强多了，我相信你一定能荡得很好。"

"真的吗？我现在荡得好不好？"男孩明显很高兴，秋千已经随着他的动作来回荡了起来。小男孩的欢笑声不住地回荡在空中。

鼓励孩子探索新事物是好事，但作为爸爸也需要做好安全措施，避免孩子因为无知而犯下一些无法挽回的错误，从而导致一些本可以避免的伤害。

4

一天，小毛的爸爸给小毛买了一套小鲁班系列的玩具，父子俩一起玩了起来。爸爸按照图示规规矩矩地搭建着三层小楼，而小毛则是直接拆了一个小机器人。这个小机器人本来是一个完整的玩具，小毛也没料到自己可以拆下来。

爸爸也没有责骂小毛，反而鼓励他安装回去，遇到不会的地方，父子俩还一起探讨，最终将机器人重新安装完毕。在爸爸看来，他要做的就是引导儿子在游戏中锻炼到一些基本的动手能力。

孩子需要拥有不畏困难、不怕困苦的探索精神，而这一精神的培养离不开爸爸的努力。

Part 5

自立训练

——还有什么比这个更值得学习

自立是一个人的品格特性，它涉及到主动性、判断力、责任感、创造力等要素。自立训练培养的是孩子遇到困难时，靠自己的智慧、能力、勇气去解决问题的能力，同时，有自己的主见，能对自己的行为负责，不依赖他人。

有些风雨，终究需要自己扛

有些孩子格外喜欢依赖别人，他们时常对生活缺乏信心，也不相信自己能做好什么事情。因此这类人在来到一个新环境时往往会萎靡不振一段时间。这就要求爸爸教育孩子时要注重独立性的塑造。

1

人类虽是群居动物，但很多事情都需要人们自己去解决，没有人会无偿提供帮助。因此，一个总想着依赖别人的人，会无法正确定义自己的人生，也难以成就大事业，成为自己人生的主人翁。

一次，老师带领学生们去野外郊游。同学们玩得很开心，只是吃饭的时候，张老师发现班里的一个男孩子一直盯着一个水煮鸡蛋，连忙问道："你是不爱吃鸡蛋吗？"

"爱吃。"男孩有些羞涩地回答着。

"那为什么不吃？"

男孩犹豫了一下还是说了出来："感觉这个鸡蛋和我家的不太一样。"

鸡蛋还能有很大差别？老师好奇地问着区别，男孩也给出了自己的回答："家里的鸡蛋又白又软，特别好吃，但这个鸡蛋好硬。"

不过稍微一想，老师就明白过来，估计是这个男孩的父母实在是太宠着他了，以至于他根本不知道吃鸡蛋还需要剥壳。于是老师想了想，问男孩旁边的几个同学："大家知道鸡蛋是怎么来的吗？"

孩子们齐声答道："知道，是从锅里捞起来的！"

教育孩子必须坚持一个原则：孩子自己能做的事情，就让他自己去做，千万别替他去做。很多父亲在现实中却很难做到这一点。他们总是格外宠爱孩子，简直可以说是"含在嘴里怕化了，托在掌上怕摔了"。但这其实是对孩子的过分宠爱和保护，只会造成孩子自我生活能力的下降，根本不利于孩子未来的发展，高分低能的孩子大多就是如此培养出来的。

虽然父亲这样做都是出于爱，可溺爱终究是要不得的。爸爸需要有意识地培养孩子的独立性，让他去做一些力所能及的事情，而不是凡事都靠父亲包办。

2

一辆马车在郊外奔驰，路过一个拐弯的地方时，因为速度过快导致一个男孩从马车里掉了出来，车夫立即停车查看。小男孩捂着受伤的膝盖，可怜巴巴地看着车上的父亲，他以为父亲会下来扶他一把。

然而父亲却始终不发一言，只是坐在车上抽烟，看着很是悠闲。

"爸爸，我疼，要抱抱。"小男孩哭着喊道。

"真的疼？"爸爸缓缓问道。

"是啊,特别疼,我觉得我根本都站不起来了。"

"就算疼也要自己站起来,自己爬上来。"父亲一脸坚定。

"好吧,爸爸。"男孩无奈答应,撑着手挣扎着站了起来,异常艰难地爬上了马车。但他觉得很委屈,直到爸爸问他知道为什么要让他自己爬起来时他还是想不明白。

这时父亲才缓缓说道:"孩子,这就是你的人生,你在前进的路上总会跌倒,只有你自己才能爬起来,因为没有人会永远站在你身后帮你。"

这个故事发生在美国,而故事中的小男孩后来成为美国总统,他就是约翰·肯尼迪。

很多时候,一个人的成功取决于这个人的个人能力,而不是依靠朋友或亲人。肯尼迪的父亲知道,过度依赖只会弱化孩子的独立性,让他成为一个懦弱的人。因此,在肯尼迪很小的时候,父亲就经常带着他出入各种大型社交场合,让他自己去和那些客人打招呼交流。

有人也质疑过肯尼迪的父亲对他是不是要求太高了,可父亲却哈哈笑起来,说自己是在培养肯尼迪当总统呢。谁知,最后肯尼迪竟然真的成了总统,而这离不开父亲当年的教育。

人生的选择总是在自己手上的,是做依附他人的藤蔓,还是做傲然挺立的松柏,都由自己决定,但不同的选择注定指向不同的人生。实现梦想的路途总是布满荆棘,而你是否愿意踏过荆棘呢?

3

当孩子开始学着自己处理生活中的各种问题时,他们可能会遭遇一些挣扎和挫折,但这也意味着更多的收获。决定一名幼童智商高低的并不只是聪明与否这一因素,还包括这个孩子的生活经历。

有个孩子身体一直比较瘦弱,因此在学校被别人欺负了。他放学后找到父亲,希望父亲可以为他做主,去教训一下那个人。在第一眼看到孩子伤痕的时候,父亲的确愤怒得几乎控制不住自己,但最后他还是冷静了下来,因为父亲认为儿子作为男子汉大丈夫,就该自己解决这件事情。

于是父亲揽住了儿子的肩头问道:"这种欺负你忍得下去吗?"

"我不知道。"孩子摇了摇头表示不知。

爸爸接着问:"孩子,爸爸帮你出面的确可以吓住他。可吓住他之后呢?当你又遇到这类问题,爸爸不在你身边的时候,你该怎么办?"

"我相信我可以应付。"孩子挥舞着拳头。

"那为什么现在你不可以学着自己应付呢?你放心,我就在你身后,如果不行你就告诉我。"爸爸摸摸孩子的脑袋。

这一天晚上,孩子失眠了,他在努力思考对策。

第二天才到校门口,孩子就碰见了那个坏小子。他快步走到坏小子面前,紧紧盯着他的面孔:"其实我一直想问你个问题。"

"什么?"对于手下败将主动送上门来,坏小子有些奇怪。

"我想问你,你可以为了维护自己的尊严付出生命吗?我相信你做不到,但是我可以。我告诉你,昨天的事情我可以不追究,但如果你再欺负我,我绝不会再放过你。"

一时间,坏小子被震住了,但他也没被吓傻,反而眼神更加凶狠地靠了过去……

放学后,孩子毫无伤痕地回了家,他很高兴,因为那个坏小子说要跟他做朋友。

这里的爸爸很聪明,因为他选择相信孩子可以处理好那些事情。有些同龄人之间的矛盾,孩子自己解决的效果要远远好于父母插手。因为在解决的过程中,他们会不断成长,而如果父亲强行插手,孩子往往只会越发依赖,最终成为一名巨婴。

因此,当孩子遇到问题时,只要无关生命安危,父亲可以大胆选择隔岸观火,放手给孩子去尝试。哪怕是试错,也会是孩子人生中宝贵的体验。

4

自立与自强总是放在一起来说,对孩子而言,自力更生与急流勇进这两种都是不可多得的优良品质。

有一个美国小男孩,父母在生活上对他要求很严,平时很少给他零花钱。9岁的时候,他想去看电影,但没有钱。不过小男孩没有问父母要钱,而是通过自行调制了一种汽水,去街边贩卖挣钱。那时是一个冬天,他等了很久才等来两个顾客——他的爸爸妈妈。

但小男孩还是没有放弃,某天早上替父亲取报纸时,他突发奇想,决定替邻居取报纸到房门下面,而且一个月每户只需要支付1美元。这项服务不贵,很多人都同意了,小男孩很快就有了70多个客户。一月后拿到钱时,小男孩高兴得要飞起来了。

但他依旧在思考,他说服他的顾客每天早上将垃圾放在门口,他送报时顺便扔掉,服务费也是每月1美元,客户们也都同意了,于是他的"月薪"翻了一倍。后来他还拓展了喂养宠物、看房子等等业务,小金库不断扩充。

一年后,他开始用父亲的电脑在网上发布广告,很快就有了不少的积蓄,他甚至开始雇佣孩子来帮他打工。这时,一位出版商发现了这个独特的孩子,说服他写了本书,书的名字叫做《儿童挣钱的250个主意》。因此他在12岁时就成了一名畅销书作家。后来电视台邀请他参加许多儿童谈话节目,他在电视里表现得非常自然,受到许多观众的喜爱。到15岁的时候,他有了自己的谈话节目。

17岁时,他已经成了百万富翁。

依靠双手创造财富的人才有安全感,因为他们将创造财富的方法握在了手中。哪怕有一天家财散尽,也很快就会东山再起。

不过是一个小坑,其实你可以很勇敢

哲学家维特根斯坦说:"勇气使人通往天堂之途,懦弱往往叩开地狱之门。"充满勇气的孩子会勇敢劈开前路的荆棘,获得光明和美好,而懦弱的孩子则永远迈不出人生的第一步。

1

"爸爸,老师让我去报名参加那个拼写竞赛。"13岁的安心一回到家就告诉爸爸。

"太好了,你已经去报名了吗?"

"还没有。"

"为什么?宝贝。"爸爸奇怪地问。

"爸爸我害怕,我不喜欢被许多人看着。"安心有些难过,她一向是个乖乖女,成绩也很好,但平时总不爱说话。

"宝贝,我建议你还是报名,我想你会喜欢上这场比赛的。当然,去不去还要你自己决定。"爸爸鼓励她。然而两天后,爸爸却接到了老师的电话,让他说服安心去参加拼写竞赛。

于是爸爸安排了一场谈话,他告诉安心:"首先,我不会强迫你报名,但我们可以先谈谈参加竞赛的利弊。参加竞赛可以锻炼意志,提升智力,还能增强信心。比赛赢了当然不错,不过没有得名次也没关系,爸爸不在乎。因为爸爸知道你很棒,这些不需要比赛来证明。"

爸爸又对她说:"刚才老师打电话来说,他也很相信你的能力。其实我不关心你的比赛结果,我只希望你可以利用这次机会锻炼一下自己。"

得到爸爸的开解和鼓励,安心终于安心去报名了。

作为安心的父亲,他知道女儿的短处,就是胆子太小。于是父亲没有逼迫孩子一定要去参加竞赛,而是用爱和温暖鼓励安心,告诉她哪怕失败了也没关系。他们只是希望安心能挑战一下自己,结果如何并不重要。

这种安慰能有效缓解安心的紧张,因为她也知道自己实力应该没问题。相信参加完这次比赛后,安心会增加不少自信,这也是家庭教育中重要的一环。

心理学家斯科特·派克说:"在这个世界上,只要你真实地付出,就会发现许多门都是虚掩的!微小的勇气,能够完成无限的成就……如果你幸运,与生俱来就有勇气这种品性,那么很值得恭贺;如果你还没有养成这种性格,那么尽快培养吧,人的生命很需要它!"勇气是一个人成功的必备素质,是孩子主动进取的动力,是孩子成长的活水之源,是孩子不可或缺的性格优势。因此,爸爸一定要重视孩子勇敢性格的培养。

2

在女儿的教育方面，梁凤仪的爸爸认为做人一定要果断坚决，千万不可人云亦云，没有一点主见。没主见的人只能被人牵着鼻子走，也很难去表现自己。

有一次逛商场结束时，梁凤仪拉住梁爸爸的衣角，请求着："爸爸，再玩一会儿吧。"

梁爸爸知道梁凤仪并不贪玩，看她的眼神就知道她是被那些漂亮的洋娃娃吸引了，但他装作没看懂的样子，并不主动掏钱去买，他在等女儿主动说出需求。

梁凤仪一直在洋娃娃柜台前面溜达，想要去买但又害怕被拒绝，很是犹豫，最后还是忍不住小声请求道："爸爸，我想买一样东西……"

"想要什么就说，别吞吞吐吐的。"

"我想要洋娃娃！"她大吼一声，同时收获了一个洋娃娃。

从此以后，女儿有什么需要都会第一时间和父亲去说，或者是请父亲帮忙参谋。这种时候，爸爸总是让她自己拿主意。长此以往，女儿逐渐树立了独立意识，在学校里也是敢作敢为，是一个风云人物。进入香港大学以后，她写剧本，演话剧，当电视主持人，样样都做得有板有眼。毕业后，她进入香港大公司新鸿基集团，成为高层领导，在男人的霸业中赢得了一席之地。

但梁凤仪最感谢的还是父亲的勇气教育，每每回忆都会说："别的孩子最担心父亲不让他们参加学校举办的旅行、运动会、校际比赛等，我绝无此忧虑。恰恰相反，父亲总是劝我多见世面，多见人群，以训练应对，以扩展胸怀。如果我在各项校际比赛中获奖,他们是最开心的。我才十二三岁,父亲就请求他的老板带我去参加社交活动,例如餐舞会等,的确对我的成长很有帮助。"

勇气和果断是一个人通往成功的必要条件,相反,瞻前顾后的人基本不可能取得亮眼的成就。谈起自己的成功,梁凤仪总是说:"人需要有勇气,在人生的长途中,不仅需要用勇敢的精神去克服各种困难,而且在各种事业中更要靠勇敢的精神去争取成功。当然这是父亲给予我的最好的礼物。"可见,爸爸一定要注意培养孩子勇敢的性格。

3

著名将军巴顿曾经说过:"如果勇敢便是没有畏惧,那么我从来不曾见过一位勇敢的人。"就算是勇敢的战士,恐怕也会有某些畏惧的时候。那么如何才能克服恐惧,真正培养出一个有勇气的孩子呢?其实最有效的方法往往最简单,那就是放手让孩子去面对。

体育课上,一群小女孩在练习跳水。几乎所有人都从3米高的跳台上跳了下去,只有一个小女孩不敢跳。她几次上前又都退了回去。尽管有老师和同伴的鼓励,小女孩仍然害怕得眼泪都掉下来了。

"马上要下课了。"老师有些不耐烦了,可小女孩却怕得更厉害了,但看着生气的老师,她还是鼓起勇气迈了一大步。

忽然,她猛地闭上眼睛,一跃而下。虽然姿势不标准,水花也溅得很高,可所有人还是给了她掌声。有小伙伴跑过去问她:"安格拉,你真厉害,你是怎么克服恐惧的?"

安格拉抹干了泪水,声音还有点发颤:"我只是忽然想到爸爸说过,无论一件事多难,你闭着眼睛往前迈一步也就走过去了。"事实就是如此,很多困难只要你勇敢前进一步,就能迎刃而解。而这位小女孩就是安格拉·默克尔——德国历史上最年轻的总理,更是德国历史上第一位女性总理。

因为胆怯,她不敢往前,但也正因为勇气,她向前迈了一步。长大后的安格拉更是执掌起德意志的国政,用自己的智慧和态度书写现代女性的传奇,成为德国政坛中的"铁娘子"。

普通人的学习生活其实也是如此,很多孩子只是在想象中放大了恐惧和困难。其实只要他们勇于前进一步,就会发现没什么可害怕的,我们都可以解决它。而这一步如何去迈出,正是各位爸爸需要教给孩子的。

4

生活中,那些勇敢而又坚毅的孩子总是能得到别人的称赞,每位爸爸也都希望自家孩子是个一往无前的优秀人物。可很多时候,盲目地一往无前不过是鲁莽之举,深思熟虑之后的勇敢才是真正的勇敢。

当孩子还小的时候,他们不懂什么是勇敢,以为只要往前冲就够了,但很多事情都具有一定的危险性。比如孩子要学习超级英雄凌空飞行的时候,爸爸一定要及时阻止,告诉他们这是不应该去学的。

爸爸需要教给孩子的是理性的勇敢,而不是毫无节制的鲁莽。当遇到事情时,孩子要用理智去判断是否值得勇敢闯一闯,切勿意气用事。

连自己都保护不了的人,还怎么做大事

> 对爸爸而言,教导孩子如何保护自己也特别重要,一味地鲁莽只会让孩子伤害到自己。

1

生活总是美好与危险并存。孩子又一向是好动的存在,平时在家可能还好一些,但一出门几乎就成了脱了缰的野马,肆意玩闹,没有一点自我保护意识。

有关调查显示,平均每年都有大约两万名14岁以下的孩子非正常死亡,而导致他们非正常死亡的最大原因是交通事故。另外,研究人员还发现,这些事故大部分发生在家附近。因为很多父母认为孩子到了家门口了就安全了,其实不然。不管在哪里,孩子的自我保护意识都比较薄弱。因此,父亲要尽快教会孩子保护自己。

周周今年上六年级,正是贪玩的年纪,但父母对他很是放心,因为他有很强的自我保护意识。有一天,周周在朋友家玩到晚上9

点才出门回家,在穿过一个人流较少的街道时,周周感觉到身后似乎有黑影闪烁,立即就警惕了起来。

但周周没有慌张,他想了想,这里离家有点距离,他肯定跑不掉。于是周周干脆转身喊道:"爸爸,你来得真快!"

那个人一愣,没说话。周周这才装作有些不好意思,笑着说:"叔叔不好意思,我还以为是我爸爸这么快就追上我了呢。"说着周周还往后面看了一眼。

那人支支吾吾应了一声,快步离开。这时,周周才觉得自己双腿都在打颤。

2

一般而言,再小的孩子也会有保护自己的本能,只是这种本能太过凌乱和微小,并没有建立起一个完善的自我保护系统。因此家长的重任就是有意识地帮助孩子形成完整的自我保护系统,让孩子真正保护好自己。

5岁女孩阿斯蕾一边大声喊着"爸爸",一边飞快冲进了一家小店,然而店里的人只是有些奇怪地看着这个女孩。有人告诉她,她爸爸不在这里。

阿斯蕾点点头表示知道,但下一秒她就哭了起来。就在几分钟前,她刚刚剪完头发出来,要去另一家理发店里找爸爸和哥哥,结果就有一个陌生的男人过来,说要带她去买糖糖。

刚开始,阿斯蕾还在犹豫,可一想到爸爸嘱咐过千万不能跟陌生人走,于是她拒绝了这个陌生男人。谁知这个男人立刻抓住了她的肩膀,要不是反应快,阿斯蕾觉得自己应该已经被那个男人给拖走了。挣脱出来之后,阿斯蕾脑海里立即冒出了爸爸反复教导的话。

"路上如果遇到陌生人试图触碰你,甚至要带你走,一定要立刻大叫,看附近有没有警察,如果没有警察,就立刻冲到最近的店里,大叫'爸爸'。"

阿斯蕾这才摆脱了那个陌生男人,也找到了爸爸和哥哥。

故事里,小阿斯蕾之所以能摆脱被拐走的命运,完全得益于爸爸无数次的自我保护教育。他告诉孩子要警惕陌生人,并且也教了阿斯蕾具体该怎么做,这才帮助她逃了出来。

作为孩子的监护人,家长有义务和责任告知孩子保护自己的重要性,并传授他们自我保护的方法,帮助他们远离危险。

3

一位教育专家曾说:"你不让他跌倒,他就会永远不知道跌倒的滋味。父母不可能保护孩子一辈子,当有一天他跌得更重时,可能就爬不起来了。"换言之,父母如果过度保护孩子,只会让孩子失去在生活中锻炼性格坚韧度的机会,从而丧失独立生活、正常社交等能力。

缺乏这些生活必备能力的孩子,生活将变得一团糟糕,在团队中也很难找到合适的位置。因此,在孩子的教育方面,父亲要学会适时放手,让他们学会独立面对。

朵朵今年已经上五年级了,她是一个乖巧懂事的孩子。有一次爸爸妈妈因为急事临时出门,只给朵朵留下了字条,告知她晚上可以去邻居张阿姨家借住一晚。

然而朵朵放学回家看到家门锁着，也没有看见那张纸条，只巴巴地在花园里面苦等。大概等了6个小时，在家也等得焦急的张阿姨才找到了早就冻得瑟瑟发抖的朵朵。

这里就有一个问题存在，朵朵并没有一个应急的自我保护方法，只知道在门口等待父母归来。这与父母平时教育不够有关，因此爸爸必须及时树立孩子的自我保护意识。

4

生命只有一次，孩子必须要保护好生命，才能谈及其他方面的成长和进步。因此，学习自我保护是孩子进入社会之前必须学会的第一课。

而这一意识并非困在家中就能习得，父亲需要告知孩子外面世界的各种危险，并教授孩子自我保护的手段。如此一来，孩子将来走上社会时才能更好地保护自己，才能独立面对人生旅途中的风风雨雨。

高度自控的人，方可控制人生

萧伯纳曾说过：“自我控制力是最强者的一种本能。”它是一个人意志和毅力的一种锻炼，是智力因素和非智力因素的完满结合，是高尚的道德境界的一种表现，是一个人的精神支柱。自我控制能帮助人们摆正心态和位置，调动身体的每一个细胞，以求获得一个最佳的状态。

1

每个人都具有一定的自我控制力，但自控力大小终究有别。自控能力强的人往往充满自信，能敏锐把握事情关键，自觉抵制各种丧文化或不良情绪的侵袭，充分发挥自身特长，用最短的时间完成最多的事情。

可以说，从心理学角度来看，人的成长过程其实就是一个逐渐从“他控”到“自控”的过程。中小学时期，孩子心理素质并未定型，容易受到外界干扰，而这也是父母引导孩子树立正确价值观和人生观的关键时期。

家庭永远是孩子最先接触和学习的地方，爸爸的言行举止无一不影响着孩子的行为，因此爸爸在家庭教育中的作用不容忽视。但很多家庭往往只片面注重孩子的学习成绩，忽略孩子的生存能力、自控力、自我保护等各项能力的培养，这样的教育无疑是失败的。

在关注学业的同时，爸爸需要及时进行自我控制教育，让孩子明白，自控自律的人生才能走上巅峰。

2

乔治父亲从小就十分注重对乔治的教育。他们家定了一个不成文的规定——孩子如果浪费了食物就必须接受惩罚，那餐只能吃面包和盐。

有一次父亲带乔治去邻村的牧师家做客，乔治不小心洒了一些牛奶出来，他犹豫了好一会儿，但还是没有继续喝牛奶。只是牧师家很喜欢乔治，几次三番劝说他喝，终于乔治忍不住了，说："我弄洒了牛奶，现在我没资格喝了。"乔治说的时候很难过。

"没事，喝吧，我们不在意。"牧师好心安慰，他的家人也附和点头。

乔治的父亲却专心吃着点心，仿佛不知道这件事情一般，而乔治依旧选择了拒绝。于是牧师一家觉得，乔治一定是担心被父亲骂，所以才不敢喝，就开始围攻乔治的父亲。

见此，父亲让乔治先出去一下，而后阐述了那条不成文的家规。牧师一家听了都觉得对小孩太苛刻，可父亲却摆摆手："不，乔治不是因为我在这里才不喝，而是因为他打心底里认可这条家规，所以才坚持不喝。"然而牧师一家表示不信，父亲只好假装暂时离开餐厅，好让牧师他们继续劝说乔治。

然而即便父亲不在现场，乔治还是拒绝了牧师一家新端出来的牛奶和点心，一再表示："就算爸爸不在这里，我也不能违背答应的事情。"

"可是我们等会要出门散步,你不多吃一些会饿的。"

"没关系,我可以忍。"乔治笑着说道。

这时,牧师一家才将父亲请了进来,儿子立即一脸激动地向父亲汇报自己的守信。父亲听完后却摸了摸他的头:"你做得很好,现在你对自己的惩罚已经够了。我和你叔叔阿姨现在要奖励你,你就把这些牛奶和点心吃了吧。"

听见父亲这么说,乔治才开口吃了起来,但他的自律自控让牧师一家自叹不如。

或许你们也觉得乔治父亲的教育过于严格,会给孩子带来许多痛苦。的确,这并不是一个宽松的约定,但儿童教育就该如此,父亲要从小事抓起,帮助孩子树立起明确的是非观。如此一来,孩子就会主动遵守规矩,并不会因此觉得父母的教育太过严苛。

而反反复复永远是家庭教育的大忌。今天因为某些原因就破戒,告诉孩子可以如此行事,明天却又禁止孩子如此行事,这种行为只会让孩子摸不着头脑,也难以界定清晰的规矩界限。不允许的事情,一直都不允许,这才是正确的教育方式。爸爸们千万不要想着,孩子还小,等大一些我再严厉教导。因为等孩子真正长大时你再去教育,就已经晚了。

3

美国斯坦福大学心理学教授米歇尔曾经对斯坦福大学附属幼儿园的孩子们进行跟踪调查,从他们4岁开始,一直跟踪到他们高中毕业。

他设计了一个"延迟满足"的实验,研究人员带着数十名儿童分别进入一个小房间,每个房间里的桌子上都有好吃的棉花糖。这时,研究人员表示要离开,但给出提示,如果他们能等研究人员回来之后再吃棉花糖,就可以再获得一颗棉花糖。当然,他们也可以立即吃掉,不过就没有相应的奖励了。

在这些孩子中,有些孩子没等研究人员出门就已经吃掉了棉花糖,而有些孩子则努力克制着欲望。最后,大概三分之一的孩子成功延迟了满足,等到研究人员回来,得到了另一颗棉花糖。

当这些孩子进入青春期后,米歇尔再一次进行了调查,他发现那些获得第二颗棉花糖的孩子明显更自信一些,在面临困难和挫折时也不会慌张或者崩溃。而那些控制不住欲望,一口就吃掉棉花糖的孩子往往做事优柔寡断,自控能力比较差,也有没太大的自信。

实验证明,孩子自控能力的高低,一定程度影响着他们未来的发展。

4

球王贝利从小就显现出非凡的足球天赋,即便只有一个用袜子、破布和旧报纸填充捏成的足球,他也经常在家门前的小道上赤脚练球,哪怕摔得全身淤青也从不停止。

渐渐地,越来越多的人知道了贝利。他们常常会和他打招呼,还会请他一起抽烟。贝利很喜欢吞云吐雾的感觉,那会让他觉得自己是一个大人。但是有一次抽烟时被爸爸看见了,贝利立即低下了头,虽然爸爸脸色并不凶狠,但他还是有些害怕,因为他好像在爸爸的眼睛里看见了忧伤和失望。

"你抽烟了？"

贝利低着头，不敢回答。爸爸又问了一遍："是不是抽了？"

"是。"贝利自知瞒不过去，却还为自己辩解着，"我只抽过几次，爸爸……"

然而爸爸没听完就出声打断了他："爸爸没抽过烟，你告诉我，抽起来舒服吗？好吗？"

"我不知道，但感觉不是很好。"贝利说着就捂住了脸庞，他看见爸爸抬起了手，生怕那是一个狠狠的耳光。

然而不是。

爸爸只是将他搂在了怀里，轻声说："我们都知道你会踢球，可如果你现在开始就学会抽烟的话，那么就到此为止吧，因为你无法让自己的体力在90分钟内保持在一个较高的水准上。要不要继续抽烟，你自己决定吧。"

"还有，如果真想抽烟还是自己去买比较好，伸手要来的太丢人。你买烟要花多少钱？"爸爸一边打开钱包，一边抽出了几张皱皱的钞票递到他的面前。

虽然爸爸没有骂他，也没有打他，但贝利却觉得浑身都在发烫，他摇着头拒绝了买烟的钱，发誓以后再也不抽烟。在往后的日子里，贝利将所有的精力都投入到绿茵场上，终于成了一代球王。

高尔基说："哪怕是对自己的一点小小的克制，也会使人变得强而有力。"生而为人，若是想主宰自己的命运，就需要懂得克制和约束自己。而孩子早期的约束行为，需要父母的正确引导和指引。

创新不以天才为基础,更重要的是发现

创意可以培养吗?当然,只要仔细观察生活,时刻
保持对事物的好奇心,你就能找到属于自己的创意。

1

创意在哪里?很多人总是在许多地方追寻创意,却不知其实
它就在自己身上。当你的孩子有一些逻辑不是十分严谨,甚至是
有些离经叛道的想法时,请不要立即否定。或许,你可以试着陪你
的孩子一起疯狂一次。

这天,苏白看到杂志里面的一个征文比赛,主题是与宗教博
物馆建筑相关的创意征文。苏白立即对父亲说:"我要参加这个比
赛,因为金牌获胜者可以免费去日本观光旅游。"

爸爸听了却一口否定:"得了吧,你知道啥是宗教,啥是建筑
吗?别想太多了孩子。"

苏白并不气馁,他信心满满地说:"但是我有创意。比如我们
可以在博物馆里面点藏香,创造浓郁的宗教氛围;还可以在里面
卖斋饭……"

爸爸摇了摇头:"算了吧,你可是连积木都搭不好的人,还想
要弄建筑?"

沉浸在思考中的苏白完全忽略了父亲的打击，他喃喃说着："我们可以挖一个地下深坑，在那里建博物馆，外围建筑要用透明的，这样大家还能顺便看看土地。嗯，地面要设计一个螺旋状的飞梯……"

"傻孩子，地下那么深的地方，肯定会有水滴出来，到时候万一累积成了一个火山口大小的湖泊怎么办？还有，空中螺旋状飞梯，这个有多危险你知道吗？还有……"爸爸毫不客气地挑刺。

然而苏白完全不在意，他说："爸爸，您说的问题不是我需要去考虑的，而是那些工程师需要去解决的。我只负责创意，爸爸，您知道创意吧？它不需要太现实。"

爸爸摇了摇头，决定放弃跟儿子讨论这个话题，却还是忍不住叮嘱一句："我觉得对学生来说，最好的创意就是考试拿满分。"

没多久，苏白就写完了创意征文，却没有给爸爸看，直接邮递了邮件过去。过了很久，苏白才收到了一个收件人为"苏白先生"的大信封，里面是一张邀请苏白参加海外颁奖仪式的请柬。不过因为时间原因，苏白没能前去参加，然而没过多久，他又收到了一封信，里面正式告知苏白取得了创意银牌奖。

孩童最喜欢胡思乱想，也最容易产生一些奇思妙想，这些想法或许就是最具创意的作品，家长要学会鼓励他们创新，而不是用成年人的眼光和经验去扼杀孩童的创意和想象力。

2

人类在发明创造这方面的能力大致可分为四类：发明创造能力完全丧失，普通发明创造能力，优秀发明创造能力，发明创造天才。大多数孩子都不可能成为爱迪生那样的发明创造天才，但他们往往都拥有一定的创造能力，只不过有一些孩子的创造力早早地被父母破坏掉了。

这里还要强调一下，不要认为发明创造能力与智力、学习能力是同样的东西，也不要认为发明创造能力是人们对问题获得唯一正确解答的一种能力。所谓发明创造能力，是思考过去谁都不曾有过的、崭新的解答能力，这是一种特殊的能力，它与前面所要区别的能力完全分属于两种不同的思维形式。

3

惯性思维一直在影响着每一个人，促使大家通过常识或经验去判断一件事情。但惯性思维往往会严重束缚孩子的创新思维能力，让他们只能戴着枷锁跳舞。

如果各位爸爸想让孩子具有创新思维，那么大家就应该放手，让孩子想别人不敢想的事，做别人不敢做的事。如此一来，孩子才可能创造出别人得不到的成就。

一天，著名科学家爱因斯坦应邀去某个大学演讲，学生们都兴奋异常，希望能从他身上学到一些什么，因此每个人都准备了笔记本，准备随时记录一些金句。只是令人意外的是，爱因斯坦什么都没带。

演讲开始,爱因斯坦并没有讲述自己的成功经历,而是给大家出了一道题。他说:"有两位工人,他们同时从烟囱里爬了出来,一位是干净的,一位是肮脏的。请问他们谁会去洗澡?"

"当然是脏的那一个。"学生们毫不犹豫道。

爱因斯坦反问道:"是吗?干净的工人看到肮脏的工人,他会认为自己身上一定也很脏;而肮脏的工人看到干净的工人,可能就会觉得自己也很干净。我再问问你们,哪个工人会去洗澡?"

"那大概是干净的工人会去。"有学生如此回答,其他人也表示赞同。

然而爱因斯坦却笑了:"错了,他们一起从烟囱里面爬出来,怎么可能一个干净一个肮脏呢?"他顿了一下接着说:"人和人之间也是如此,并无多大差别,唯一的差别就是有些人并不因循守旧,他们会跳出惯性思维,去思考新的东西,甚至去怀疑曾经的权威。"

人类之所以不同于动物,一个最大的区别就在于人类懂得有意识地改变自己,而不是全凭本能办事。但实际上,很多人却懒于改变,因此最终只能沦为平庸。纵观古今中外,突破思维栅栏的人都有非凡的表现。

一个真正聪明的人在遇到困难,而既往经验又无法帮助他的时候,他往往会多角度思考,寻找真正的出路。

4

罗米娜·莫哈切克年仅12岁,是伊朗的一名中学生。然而这个

12岁的小姑娘目前已是一名集编剧、导演于一身的电影制作人，并多次在国际和伊朗国内的电影节上获奖。

1998年，罗米娜·莫哈切克出生于德黑兰，她的父亲莫森·莫哈切克是一名电影导演。在她6岁时，父亲拍摄的电影中临时需要一名小演员，一直都没有合适的人选。小小的罗米娜便自告奋勇，在父亲拍摄的电影中担任了一个角色。

拍摄过程中，罗米娜对电影产生了极大的兴趣，她开始梦想着能和父亲一样当一位导演，从此便开始了奋斗之路。好在父母都愿意倾囊相授，罗米娜很快就掌握了整个电影的拍摄流程，以及电影的前期后期制作等相关内容，同时也掌握了基本的摄影技巧。于是从8岁开始，罗米娜就开始自行执导纪录片，父亲偶尔来她的电影中担任摄影师。

2006年年初，年仅8岁的罗米娜出门时偶然看见，一名阿富汗男孩在他们家附近的垃圾箱中收集垃圾和丢弃的废纸。这件事在许多人看来稀松平常，可罗米娜立即有了一个拍摄流浪儿童题材电影的念头。在父亲看来，这个题材并没有什么价值，但罗米娜坚持要拍，哪怕是自己一个人也要开始动手拍摄。最后她拍出了她的第一部纪录片——《漫长的道路》。纪录片上映后反响极大，在2007年德黑兰举行的第37届"罗什德国际电影节"上，她拍摄的这部《漫长的道路》打动了所有评委，一举夺得了最佳电影奖。

过了不久，罗米娜在翻看杂志时被一篇短篇小说深深地吸引住了，这篇小说也深受读者的好评。罗米娜灵机一动，决定把这部小说改编成剧本，并拍摄了她的第二部电影短片——《一个装满友爱的盒子》。电影一经推出，又引起了巨大的轰动。

到目前为止，罗米娜执导拍摄的数部纪录片和电影短片已在多个国际和伊朗国内的电影节上获得过奖项。她还担任过几次影片女主角,甚至曾担任第39届"罗什德国际电影节"的评委。一些电影界的权威专家评价,罗米娜是伊朗有史以来最年轻的电影制作人。

然而,这位天才少女对于自己的成绩丝毫不满足,因为在她看来,自己已经牢牢地把握住命运的咽喉。对于自己的"创意法宝",罗米娜轻描淡写地说:"只有用那些另辟蹊径的视角,才会看到与众不同的精彩!"

罗米娜小小年纪就已经导演了好几部电影,取得了傲人的成就,这无疑与她扎实的专业知识有关。可如果没有那些独辟蹊径的创意,罗米娜也未必能取得如今的成就。所以,如果你的孩子也有愿意坚持的梦想,不如支持一番,或许他会给你带来巨大的惊喜。

Part 6

责任训练

——还有什么比这个更值得拥有

心理学家维克多·费兰克说:"每一个人都被生命询问,而他只有用自己的生命才能回答此问题;只有以'负责'来回答生命。因此,'能够负责'是人类存在最重要的本质。"责任心是每个好孩子都必备的优良品质,爸爸教育孩子,一定要注重这一点。

责任是孩子成长的第一步

　　一个人，如果没有责任感，就会很容易陷入无尽的索取中，从不知奉献和回报。这样的人生是危险而又没有重量的。因为没有付出，他们不会懂得自身应该承担的责任，也不会明白究竟该如何扮演好每一个社会角色。只有积极主动承担责任的人，才能成为国家的中流砥柱，成为一个对社会有用的人。

1

　　中央电视台《实话实说》栏目曾做过一期节目，节目中的特约嘉宾讲述了一个令人感慨的故事。有一次，他到瑞士访问，因为听见洗手间隔壁小间里的声音过于奇特，不由好奇地探头去看，结果却看见了一个八九岁的小男孩。

　　这个小男孩正在修理马桶。原来男孩上完厕所后发现冲刷设备出了问题，排泄物无法冲下，于是小男孩就开始了漫长的修理工作，而当时，他的身边没有任何长辈。究竟是何等成功的家庭教育，才培养出具有如此责任感的男孩？

2

孩子或许会知道内心的责任是什么,但如果你深入去问为什么承担责任很重要,他们未必能给出相应的答案。因此,在责任教育这一块,爸爸不仅要让孩子明确责任感,也要让他们懂得承担责任的重要性。

学校组织学生去国家公园野餐,每个孩子都被分配了相应的任务,迈克尔的任务是准备烤肉要用的相关调料。对于这次野餐,迈克尔期盼已久,因此一回家就高兴地告诉了妈妈。妈妈建议孩子先列一个清单,整理好要带的东西,再由她检查一遍。

但是迈克尔实在是太开心了,他表示要先去告诉小伙伴这个好消息,并保证自己一定会准备妥当。妈妈虽然有些担心,但想到这也是锻炼儿子的一次机会,便没有阻止。只是迈克尔这一玩就玩到了晚上,而后才匆匆忙忙在厨房收拾。

第二天野餐时,迈克尔怎么也找不到烤肉汁,在所有人的注视下,迈克尔感到非常羞愧,红着脸低下了头。

每个人都必须有责任感,尤其是答应了要完成某件事情时更是如此。这对成年来人说,往往是理所当然的事情,但孩子却未必能清晰认识到这一点,他们往往会因为各种原因忘记肩上承担的责任,这就需要爸爸一再跟孩子强调责任感的重要性。

3

宋梅自从从植物园回来之后就迷上了花朵,甚至央求爸爸给自己买一盆鲜花。爸爸同意了这个要求,周末就带她去买了茉莉花,并交代孩子要好好照顾。

宋梅自然满口答应,刚开始她热情满满,全身心地照顾这盆茉莉花。可一个月之后,爸爸发现宋梅给茉莉花浇水的次数越来越少,有时甚至一周都不浇一次。无人照看的茉莉花日渐凋零,爸爸终于看不下去了,把宋梅叫到了阳台:"你给它浇水了吗?"

宋梅低头说:"没有。"

"难道你忘记你当初答应过会对它负责的吗?"

"我……"宋梅不知道该怎么回答爸爸。

"你看,你对它不负责,这盆花的叶子都蔫了。"

宋梅红了脸,立刻转身拿杯子接了一杯水,直奔小花而去。

此后,宋梅又开始像从前那样照顾这盆茉莉花了。没几天,茉莉花就恢复了以往的生机。

责任心是一个人立足社会、获得事业成功至关重要的人格品质。有高度责任心的人,能够出色地完成一件事情。而没有责任心是对自己、对他人的不负责任。作为爸爸,只有让孩子懂得了什么是责任,孩子才会认真做事,才会不断追求进步和完美。

4

彤彤是个8岁的小姑娘,虽然才上小学二年级,但是爸爸对她的教育却非常严格,从小事到大道理,爸爸都一而再,再而三地和她说,希望她能负起自己的责任。

有一天,彤彤问爸爸什么是对家人负责任,爸爸笑了笑说:"其实很简单,你只需要帮家里人做一些力所能及的事情就好。比如帮我擦擦鞋,帮妈妈扫扫地,等等。"

彤彤听了点点头,于是承诺道:"那从今天开始,我帮奶奶刷碗!"

爸爸很高兴孩子有这个觉悟,立即说道:"很好,你要记得说到做到哦。"

只是第二天吃完晚饭,爸爸发现依旧是奶奶在洗碗,而彤彤正津津有味地看着电视。爸爸的脸色立即沉了下来,严厉批评了因为看动画片而不肯去洗碗的彤彤。

彤彤只好一边哭着一边洗碗,心里委屈极了,不过也正因为这件事情,彤彤才明白了承诺说出口就要兑现,她必须为自己的言行负责。

如果一个人对自己都不负责,那你还指望他对谁负责呢?

一个有责任感的人势必不会将日子过得太糟,也不会去陷害别人,还会带动身边的人变得越来越正面和积极向上。而责任感也是孩子健康快乐成长必不可少的优良品质,它会促使孩子努力学习努力上进,让他们懂得感恩父母,感谢老师同学,善待生命中每一个充满善意的人。

虽然错了，但你承认错误真的很好

1

对任何人来说，犯错都是不可避免的一件事情。孩子犯错并不可怕，因为他们的人生才刚刚开始，正是勇于试错的年纪。只要爸爸们做好正确的引导工作，一切都不是问题。

2

乔治·华盛顿是美国独立战争大陆军总司令，1789年当选为美国第一任总统。任期结束后，华盛顿自愿放弃权力不再续任，隐退于弗农山庄园。华盛顿被尊称为美国国父，学者们则将他和亚伯拉罕·林肯并列称为美国历史上最伟大的总统。

乔治·华盛顿出生在一个大庄园主家庭，家中有许多果园，有一天，父亲交给华盛顿一把斧头，要他把影响果树生长的杂树砍掉，并再三叮嘱一定要多加注意，不要砍伤正在结果的果树。然而华盛顿还是一不下心砍断了一棵樱桃树！

因为害怕责罚，华盛顿将砍断的樱桃树藏了起来，但这瞒不过他的父亲，父亲一眼就看出了儿子的错误，但他没有立刻拆穿，而是表扬了儿子："你真能干，一个下午不但砍了这么多树，还把砍断的杂树都堆在了一块儿。"

对此，华盛顿一下就羞红了脸，主动承认了错误。但父亲并未因此责罚他，反倒表示了高兴："你愿意主动承认错误，我很高兴，因为这需要勇气。比起这一园子的樱桃树，我还是更想要一个敢于认错的好孩子。"

自此，华盛顿从未忘记在这个事件中学到的东西，他一直像小时候那样诚实守信，受人尊敬和爱戴直至生命结束。

华盛顿从父亲那里学会了勇于担当的品质，这对他一生的成长都产生了积极影响。但其实无论是谁，无论年龄大小，重要的从来都不是做错了什么，而是敢不敢承认错误。

3

犯错之后，很多孩子往往不愿意承认错误，因为他们害怕会因此受到父母的责罚。但孩子因为害怕不敢认错，其实才是最大的错误，尤其是还用一些谎言来掩盖真相时，更是错上加错。

但单纯地承认错误还不够，孩子必须清楚地认识到自己究竟错在哪里。这就要求爸爸耐心帮助孩子分析犯错的原因，给孩子把道理讲得明明白白，并给予孩子改过自新的机会。如此，孩子才会从根本上学会对自己的行为负责。

2004年4月一个周末的上午，比尔·盖茨正在书房看几份文件，猛然听见厨房里"乒乓"一声，似乎有什么东西摔在地上了。当他赶到厨房时，冰箱前面已经洒满了牛奶，他立即阻止了保姆清扫的动作，看向了一边有些呆呆的菲比，故作夸张地问道："菲比，刚才是有一头奶牛光临我们家了吗？"

"不是的爸爸,那个牛奶已经不能喝了,我拿不稳它,让它摔在了地上。"菲比有些不好意思。

但比尔·盖茨并未生气,而是建议着说:"菲比,我建议你下回不要再摔牛奶罐了。如果你真的想摔,不如让你妈妈帮你倒进浴缸里,这样你还能洗个牛奶浴。不过爸爸现在有一个请求,你愿意和爸爸一起来清理这糟糕的战场吗?"

比尔·盖茨期待地看着菲比,菲比十分开心地答应下来。在爸爸的陪伴下,菲比将自己犯下的错误打扫干净。等厨房大致恢复原样后,爸爸又教了菲比如何正确摆放牛奶罐,帮助菲比避免下一次再犯同样的错误。

"金无足赤,人无完人",没人会永远都不犯错。当错误已经产生时,人们需要去做的是弥补和避免再一次的跌倒。

4

美国著名政治家本杰明·富兰克林从小就是一个贪玩的孩子,他经常和小伙伴们到波士顿郊外的一个池塘去钓鱼。不过水边是一片泥塘,孩子们收钩时必须站在泥塘里才能抓到鱼,但这并不是一个好的体验。

富兰克林提议将附近工地上一些用来建造新房地基的大石块扔进泥塘里,这样他们就能踩着石块捞鱼,不会再湿了裤腿。

众人一致赞同富兰克林的提议,等到晚上的时候,孩子们聚在一起开始搬运石块,通过努力在泥塘边建成了一个小小的"码头",大家都高兴坏了。

只是第二天工人来干活时,却发现石块不见了,找了许久才发现被人扔在了烂泥塘,工头气得不行,立即就上告到了当地法官那里,法官也下令严查此案。

富兰克林的父亲知道此事后十分生气,拉着富兰克林就要去给工头道歉,并说愿意赔偿所有的损失。因为父亲是这一带有名的乡绅,工头还是原谅了富兰克林,但是父亲却坚持要求富兰克林和自己一起,将烂泥塘里的石块一块块重新挖出来,放回原地。

彻底挖出来之后,父亲告诉富兰克林:"孩子,犯了错误就要承担责任,你不是小孩子了,要为自己的行为负责。"

自此,富兰克林牢牢地记住了父亲的训斥,他一生都无法忘记他和父亲的那次谈话。在他以后的人生道路上,他始终都坚持着父亲教给他的原则,后来成为美国杰出的政治家和外交官。

这个故事传遍了整个世界,影响了一代又一代人。承认错误、承担责任,成为所有人的共同信念。不过富兰克林是幸运的,因为他有一个父亲,在他年纪还小的时候就教会了他做人的道理:勇于承担责任,平凡的人也可以变得伟大。

让孩子敢于担当,为自己的行为负责

面对犯错之后带来的一系列负面影响,我们必须主动承担,万万不可逃避狡辩。只有弥补了过错,我们的心灵才能得到安宁,才能进一步实现人生价值。

1

当孩子突然有一天跟你哭诉委屈时,你是责备自己的孩子,还是选择去为他讨回"公道"?

这天,黎昂的儿子放学前就被老师"遣送"回来了,而且是一路哭着回来的。老师解释说,放学前排队时,黎天不肯听话好好排队,不知怎么就和一个同学发生了冲突。老师也不过是批评了几句,谁知小家伙立即号啕大哭,说自己没有错,没有打人。

黎昂儿子回了家,问道:"到底怎么回事?"

"我就是不小心和苏嘉撞了一下,谁知道他拼命推我,我忍不住就踹了他一脚,结果他就哭了,老师……就批评我了。"黎天哽咽着说完了话。

父亲黎昂立即明白过来,他沉了脸问:"难道你敢说你自己一点责任都没有?"

"就是没有!是他先推我的!"黎天大声反驳。

"可是如果不是你乱跑,你能不小心撞到他? 如果你没撞他,你以为他会故意过来推你吗? "爸爸问道。

黎天终于安静下来,低着头似乎在想什么。见此,黎昂趁热打铁:"你这么大了,也该懂得责任,既然自己有错在先也不能全怪别人。从今天起,你要为自己的行为负责了。"

"嗯,爸爸我知道了! "黎天重重点头。

当孩子悲情哭诉时, 做爸爸的需要先弄清楚事情的来龙去脉,而后分清责任,用事实和道理让孩子明白究竟是谁的错。如果是孩子的错,爸爸就要让孩子明白,承认错误并不可耻,而是一个人本就应该做的事情。

2

莉莉今年12岁了,上小学六年级。她是一个很努力且成绩非常优异的小女孩,每次考试,不是第一名就是第二名,但这次期中考试却发挥失常了。

爸爸问她:"你这次怎么分数下降这么多? 以前不是很稳的吗? "

莉莉担心爸爸骂她,连忙找着借口:"对不起爸爸,考试的时候我头特别疼,所以发挥不太好。"

爸爸摇了摇头:"不是的,你的试卷我已经看过了,大多数的错误都是因为粗心。不是这个英语单词错了一个字母,就是那个单词拼错了顺序。这就是你考差的原因,你为什么不好好总结,而是在这里找借口呢? "

莉莉红了脸,终于老实交代:"考试的时候我总想着第一个交卷,所以写得有点急。"

爸爸听了却笑了:"对,知道错在哪里了就好。下回考试的时候仔细认真点就好,不要急着交卷,交得早未必考得好。"

很多人在犯错后都会为自己寻找借口,他们宁愿将时间和精力花费在这些方面,也不愿意去真正地反思错误,并从错误中汲取经验。这种喜欢逃避的孩子往往责任感很低,他们总喜欢推卸责任,在日常生活中也经常是不受欢迎的那一类人。

在孩子犯错之后,爸爸要教导孩子学会分析为何犯错,以及如何避免再次出现这个错误,而不是一味地去找借口辩解。

3

亚伯拉罕·林肯是美国南北战争时期的总统,也是美国人民心目中的伟人。小时候他家里特别穷,没有钱卖书,但母亲总是费尽心思为他找书,不过这并不能满足林肯的求知欲,于是他开始向朋友或者邻居借书。

有一次,林肯如往常一样去鲍里斯医生家里帮忙干农活,顺便给家里挣点钱。忽然,他发现了一本《华盛顿传》,于是出言相借。鲍里斯医生也格外喜欢这本才拿到手的书,但看着小林肯恳切的眼神,他还是问了一句:"你真的这么喜欢这本书吗?"

"是的,医生,我非常想看这本书。因为我非常崇拜华盛顿总统,我希望长大后也能做一个像他那样伟大的人。医生,求求您,我就借一天,明天就能还给您,我保证。请相信我吧!"小林肯恳切地说。

"这是一本新书,而且我也非常喜欢,你能保证不损坏它吗?"

鲍里斯医生说。

小林肯立即做出了保证，喜出望外地捧着书回了家，直到深夜两点母亲催促才肯回屋睡觉。半夜的时候，小林肯被雷声惊醒，他立即意识到放在外屋的书可能被漏进的雨水给打湿了。虽然小林肯飞速冲过去，可太迟了，新书已经被水打湿，小林肯顿时僵在了原地。

母亲说："既然这本书已经湿了，你无法做到对鲍里斯医生的承诺，你就要负责起来，明天去他那里道歉，恳求原谅。不要责怪天气，到底还是你没有好好保存的错。"

第二天，小林肯不得不硬着头皮去医生家里，他非常诚恳地说了昨晚的事情，可鲍里斯医生还是十分生气，大声训斥小林肯不守诺言。

小林肯连忙道歉："对不起医生，都是我的错，我一定会赔偿您的损失，我可以给您工作，用工资来偿还这本书，可以吗？"

看着小林肯一脸的诚恳，鲍里斯医生最终同意了，还将书送给了林肯。正是这种勇于认错的品质使得林肯成为美国历史上最受人民爱戴的总统之一。

犯错并不可耻，但犯错之后如果只想着推诿和逃避责任，那就是十分可耻的行为，并且这种行为最终只会伤害到孩子自身。

4

一个11岁的美国男孩踢足球时，不小心打碎了邻居家的玻璃。邻居向他索赔13美元。那是在1920年，13美元可是笔不小的数目，足可以买125只生蛋的母鸡。男孩没有钱，只好去求助父亲，然而父亲却表示男孩子必须要为自己的行为负责。

男孩很是为难:"可是爸爸,我没有那么多钱。"

父亲叹了口气说:"我可以借给你13美元,但至少一年之后,你要还给我。"

"好。"男孩只好答应下来,从此开始了异常艰辛的打工生活。但只用了半年,男孩就攒够13美元,还给了父亲。这个男孩就是日后的美国总统里根。他在回忆这件事时说:"通过自己的努力来承担过失,使我懂得了什么是责任。"

爸爸一定要让孩子明白:无论何时何地,他们都必须为自己的行为负责。

任何人都没有坐享其成的权利

任何成功皆不是凭空而来,都需要人们奋斗才能获取。但现在的孩子大多都是温室里的花朵,没吃过苦,也不愿意吃苦。久而久之,孩子就会变得越来越懒,难以成就大业。

1

正所谓"吃得苦中苦，方为人上人"，但不知道从何时起，孩子变得越发金贵，打不得骂不得，连苦也吃不得。大多数情况下，这与爸爸们的教育方式息息相关。很多爸爸希望孩子能长大成才，可又不愿意孩子接受风吹雨打。

其实，适当吃苦有利于锻炼孩子的心志，帮助他们培养吃苦耐劳的优良品质。

这里有一封爸爸写给孩子的信。

爸爸是不是说过很多次让你好好学习？然而你每次考试都让爸爸失望，不是说学习没动力，就是说没兴趣，又或者说你只是静不下心来。

爸爸不是没有能力供你吃喝，也不是没能力让你一生无忧，但是作为一个过来人，我深知每一个男孩最终都会成长为男子汉。等你长大的那一刻，就是爸爸老去的那一秒。

当你成年后，爸爸的能力江河日下。那个时候，如果你没有一个好的基础，又怎么能尽情地在空中翱翔？没有实力的人不配拥有高配的人生，他们的脸上永远都带着瑟缩的表情，畏惧而又羡慕地看着别人的成功。爸爸不希望你成为这样的人，所以爸爸希望你能从现在开始奋发图强，不要输在起跑线上。

爸爸知道，你也羡慕那些成绩好的同学，但你又没有信心像他们一样努力。或许是因为爸爸给你提供的生活环境太过舒适了？但这永远都不能成为你懒惰的借口！难道比起现在这样的环境，你更愿意在那样艰苦的环境下去刻苦学习？实际上，爸爸觉得,如果真的把你丢到那样的环境里,你只会有更多的借口去选择不学习。

孩子,爸爸希望你明白,年少时候对自己的放任,其实就是对自己未来的放逐。爸爸不可能一辈子都在你身后供你吃喝,如果爸爸不在了,谁来养你呢?靠你现在这样好吃懒做的样子吗?

最后,孩子,爸爸希望你记住,你可以从此选择积极向上,为美好的明天吃苦奋斗,也可以选择保留原状消极度日,但无论如何,爸爸都永远爱你。只是如果你决定要选择消极的人生,爸爸可能会需要工作更多,以后我将不会有很多时间和你相处,这些你要自己想清楚。

这封来自父亲的信饱含着对子女的爱和期待,也几乎可以代表天下父母的心声。现代社会竞争激烈,一个没有竞争力的孩子在进入社会后会面临巨大的压力,如难以找到工作等。所以为长远计,父母还是要让孩子在年轻的时候多吃些苦头,进而丰富内心和增强实力。

2

从小学到初中,梁信成绩都非常不错,总是名列前茅。他坚信自己是永远的第一名,事实也是如此,他的成绩永远都是第一,老师和家长纷纷称赞不已。

为了让梁信能认真学习,父母可谓是包办了他学习之外的所有事务。吃饭时,妈妈会将饭菜端到他的手边;衣服脏了,妈妈连忙赶来手洗;笔记本没了,也是妈妈出门去买。久而久之,除了强悍的应试能力,梁信在生活方面一无所知,就连最基本的洗衣做饭等生活技能都完全不会。

后来，梁信在高考中考出了全县第一，全省第二的优异成绩，成功考入北京某名牌大学。这一喜讯自然乐坏了梁家父母，亲朋好友也纷纷前来恭贺。只是大学生活并没有梁信想象的那么愉快，因为他不会买饭，不会洗衣，有时候甚至找不到教室。虽然有好心的同学帮忙，但他还是难以适应。

最终，梁信选择了休学。第二年7月时，学校寄去了复学通知，但梁信收到后不仅没有感到高兴，反而十分恐惧，他不愿意离开事事替他安排周全的父母，他担心自己还是无法适应学校生活。在这种压迫下，梁信从6楼阳台一跃而下，结束了自己年轻的生命。

故事的结局是悲伤的，这也意味着各位爸爸要懂得适当放手，千万不要只注重孩子的学习成绩和应试能力，也要积极培养孩子的各项生活技能，以及抗打压能力。一个心理脆弱、无法接受失败的孩子，除非一生一帆风顺，否则非常容易陷入偏激，做出一些过激的行为。但人这一生，谁能保证事事顺心呢？

3

《鸥陂渔话·葛苍公传》中写道："欲使他人干事，彼坐享其成，必误公事。"守株待兔的懒人永远难以获得成功，胜利的桂冠是用汗水和无数个日日夜夜的奋斗浇筑而成的，只有那些坚持不懈的人才能最终获得成功。

居里夫人说："在捷径上得来的东西决不会惊人。当你在经验和诀窍中碰得头破血流的时候,你就会知道,在成名的道路上流的不是汗水而是鲜血,他们的名字不是用笔而是用生命写成的。"

因为丈夫去世得早,教育孩子的重任就落在了居里夫人一人身上。说起来,居里夫人对孩子并不严苛,她只希望孩子能做到三点:热爱事业,不求享乐,有独立的能力。

她不愿意孩子成为坐享其成的庸人,她希望自己的孩子可以自谋生活,而不是眼巴巴地等着她的大笔遗产。

当居里夫人获得美国赠送的镭时,居里夫人表示:"这个得修改,美国赠给我的镭必须归科学所有。只要我在世,无疑我将只用于科学研究。但是如果我们照目前的这个文件办,在我死后,那克镭就会成为个人财产,成为我孩子们的继承财产。我决不能那样做。我想把它作为礼物赠送给我的实验室。"

在注重孩子的精神世界发展的同时,居里夫人也十分看重女儿的身体健康。一有空闲时间,居里夫人就会带女儿们出外游玩,步行很长很长的路,借此锻炼身体。她还让孩子们学习园艺、雕塑、缝纫等需要心灵手巧的技艺,好让孩子们的手变得更加灵巧,这样将来孩子们无论做什么都不用太过担心。

同时,居里夫人也没有完全将孩子拴在自己身边,尽管丈夫死于车祸,但她还是敢于放手让孩子独自出门,她时常告诉孩子们要大胆,不要害怕。

4

有些父亲就是太过宠溺孩子,认为家务活会耽误孩子的学习,或者累坏他们的身体,因此凡事都不让他们参与。这种行为反倒会助长孩子好逸恶劳的不良品质,甚至影响到他们正常生活技能的获取。

因此，父亲要牢记不可凡事皆为孩子包办，也不要凡事皆以孩子为中心，而是要理性引导孩子树立正确的生活态度，以及促使他们明白幸福生活是需要共同经营的。一个和父母关系融洽的孩子，通常都不会有心理上的问题，因为家庭的爱足以让他们懂得许多人生道理。

在美国，父母十分注重培养孩子的开拓精神，他们希望孩子是一个自食其力的人，因此他们从小就会让孩子参与到家务中来，即便是富豪家的子女，也会日常外出打工挣钱。比如前国家总统里根的儿子，就没有依靠父亲的地位和权力来为自己安排舒适的工作，而是靠自己的能力去奋斗。

因此，爸爸们，请适当放手，让孩子自己去领悟外面天空的美好。只有在外面自由地飞过，孩子才会明白世界的宽广和浩瀚，也才有更坚毅的心去面对风雨。

既然选择了，那么你就要为它负责到底

爸爸需要让孩子知道，无论是财富还是知识，他们都需要通过不断积累才能获得最终想要的成果。一个不懂得坚持的孩子，永远不可能获得成功。

1

《庄子·大宗师》中有这样一句话："善妖善老,善始善终。"意思是做什么事情都要善始善终,千万不能做到一半就放弃了。然而实际上,很多孩子奋斗初期兴致满满,斗志昂扬,可坚持不了多长时间,他们就会松懈下来,结果就是什么也没做好。

归根结底,不过是因为孩子年龄过小,又容易被外界的新鲜事物吸引,从而分散注意力,导致他们无法专心从事某项事业。还有一个原因就是孩子有些害怕吃苦,一旦遇到一些困难他们就会后退,坐等父母来帮忙解决。

然而一个人做事一旦虎头蛇尾,必然就会错失许多成功的机会。因此,爸爸要加强孩子的耐力教育。

张松一直有存硬币的习惯,可是要搬新家的时候这些硬币携带有些沉重,于是父母提议让他去银行换成纸币,张松想了想便答应下来。

只是有一个难题摆在了他的面前,那就是想要兑换纸币,他需要先将这些硬币数出来,可是他一个人数实在是太累了。于是爸爸妈妈决定将硬币分成三堆,张松负责最小的那一堆,三个人就开始数钱了。

刚开始,张松数得很认真,只是没过几分钟之后他就忘记了刚才数好的数字,不得不重新来数。期间,张松偷偷看了看爸爸妈妈,发现他们都格外认真,还在一边做着记录。很快,半个小时过去了,爸爸妈妈已经完成了工作,可张松的硬币才刚刚数了一点点。这时,爸爸不由教育道:"做事就要全神贯注,你总是分心,能做好什么？"

在爸爸的教育下，张松发现了自己的不足，打起精神专心数钱。这一次，张松任务完成得很快。通过此事，张松明白过来，原来做事情不仅仅需要坚持，还需要极高的专注力。

独自面对难题时，孩子难免会发生分心的情况。他们的精神总是难以集中，甚至还有些拖延。当发现孩子出现这种情况时，爸爸一定要告诉孩子，如果你不认真做事，你将不得不花费更多的时间和精力去解决这些事情。拖延，永远不能帮助你完成事情，只能让你越发焦虑和痛苦。

2

有一个在美国西雅图景岭学校上小学的小男孩，他做事十分专注，做作业就是做作业，不会分心去做别的事情，因此他总是比别的同学更早完成作业。到四年级时，小男孩被老师介绍到了学校图书馆帮忙。

图书管理员卡菲尔给小男孩讲解了杜威的"十进分类法"，而后给了他一堆卡片。这些卡片上标注的都是那些归错位的书，卡菲尔需要小男孩帮他找出放错位置的书，而后将那些书正确摆放。

接手任务后，小男孩立即工作起来，整整一个上午都在图书馆里跑来跑去。可一个上午过去了，他只找到了三本夹错书卡的书。卡菲尔看出来他的气馁，就让他出去透透气，可小男孩却拒绝了这个提议，坚持要先把工作做完。

第二天，小男孩就将所有的工作都完成了，他的勤快让卡菲尔欣赏不已,也因此答应让他正式担任图书馆的管理员。半个月后,小男孩邀请卡菲尔去家里吃饭,说是他们家要举家搬到毗邻的校区去。小男孩的母亲告诉卡菲尔,儿子最伤心的就是没办法再去图书馆了。

小男孩的这份认真和热忱让卡菲尔记在心里,只是没想到不过两三天,小男孩又回来了。原来为了继续做图书馆的工作,小男孩选择了转学回来。他说:"爸爸上班的时候可以顺路送我上学,如果他没办法送我,我也可以自己走路。"

这个从小就执着和认真的小男孩就是比尔·盖茨,那个后来凭借坚强的意志撑起了一个庞大微软帝国的领袖人物。

能够取得成功的人往往对每一件工作都抱有绝对的热忱,事无巨细,他们都会认真对待,用责任心来约束自己,用专注的态度去激励自己。因此,当你的孩子具备这种特质和观念时,爸爸们应该感到高兴,因为你们的孩子必然会取得相应的回报。

3

"三天打鱼,两天晒网"或者"虎头蛇尾"的做事方式,只会把孩子拉进失败的旋涡。而做事有始有终的孩子才能最终依靠坚持不懈的努力获得成功。

其实,这一特质与孩子的责任心、耐心、自制力等密切相关。如果一个孩子缺乏责任心,他就无法对一项任务负责,也因此很可能半路撂挑子不干。但如果孩子长期做事做一半,他的耐性和自制力也会遭到破坏,他将越来越难以接受长时间的工作过程。

因此,鼓励孩子做事有头有尾是爸爸的一项重要任务。万事皆是开头难,只要你和你的孩子努力迈出了坚持的第一步,你们就会发现原来坚持也没那么难。

4

帕瓦罗蒂于1935年出生在意大利的一个面包师家庭。在父亲这个歌剧迷的影响下,帕瓦罗蒂也渐渐喜欢上了唱歌,更令人欣喜的是,他从小就展示出了唱歌的天赋。

及至长大,帕瓦罗蒂依旧喜欢唱歌,但他发现自己更喜欢当教师,因此他选择了投身于教师这一行业。在师范学习期间,一位名叫阿利戈·波拉的专业歌手收帕瓦罗蒂为学生。

只是毕业时,帕瓦罗蒂有些迷茫,他问着父亲:"爸爸,你说我接下来该怎么走?是去当老师,还是当一个歌唱家?"

父亲如此回答:"人不能贪心,当你的面前摆放了两把椅子时,你必须有所抉择。如果你想同时坐在这两把椅子上,你只会在它们中间摔倒。"

帕瓦罗蒂想了很久,终于还是选择了更喜欢的教师行业。然而初为人师的帕瓦罗蒂根本就镇不住那些熊孩子,他只好离开学校,去选择唱歌。17岁时,父亲介绍他去了"罗西尼"合唱团,帕瓦罗蒂开始了唱歌生涯,希望能得到某个经纪人的注意。

可将近7年时间过去了,他还是籍籍无名,与他同期的朋友却都已经找到了合适的位置,也早已结婚成家,只有他,甚至还没有养家糊口的能力。对此,帕瓦罗蒂苦恼极了,更糟糕的是,此时他的声带上竟然还长了个小结节。在某次音乐会上,他的声音难听得不行,最终在满堂的喝倒彩声中黯然退场。

这次失败让帕瓦罗蒂萌生了想要放弃的念头。可是一想到父亲讲的那两把椅子的故事，帕瓦罗蒂又咬牙坚持了下来。幸运的是，几个月后，帕瓦罗蒂在一场歌剧比赛中崭露头角，被选中于1961年4月29日在雷焦埃米利亚市剧院演唱著名歌剧《波希米亚人》。这是帕瓦罗蒂首次演唱歌剧。演出结束后，帕瓦罗蒂赢得了观众雷鸣般的掌声。

第二年，帕瓦罗蒂应邀去澳大利亚演出及录制唱片。1967年，他被著名指挥大师卡拉扬挑选为威尔第《安魂曲》的男高音独唱者。

从此，帕瓦罗蒂的名气节节上升，成为活跃于国际歌剧舞台上的著名男高音。

当一位记者问帕瓦罗蒂成功的秘诀时，他说："我的成功在于我在不断的选择中选对了自己施展才华的方向，我觉得一个人如何去体现他的才华，就在于他要选对人生奋斗的方向。"

坚持，永远是最容易做到，也是最难做到的事情。只要你愿意，你可以坚持做一件事情到地老天荒，但很多人往往坚持不了多久就会选择放弃。但爸爸需要告诉孩子，在某些看不到希望的黑暗中，有时候你再坚持一下，阳光就会破晓而出。

Part _7_

奋斗的力量

——还有什么比这个更值得坚持

心态积极的人，往往是那些活得最开心最舒服的人，因为他们不会因为某些苦难就丧失生活的信心。

所有流过的汗都会成为勋章

世上没有绝对的天才,就算有,那么他也需要投入足够的奋斗和努力,才能将自己的天赋完全展现出来。如果少了勤奋的奠基,天才也很可能半路夭折。

1

爱因斯坦曾说:"在天才与勤奋之间,我毫不迟疑地选择勤奋,它几乎是世界上一切成就的催产婆。"抛开资质不谈,勤奋会让一个人在同等时间内收获更多的知识和营养。所有的名人都在告诉我们,我勤奋,所以我成功了。

孩子的学习也是如此,他有多勤奋,他就能学到多少知识。

曾国藩是中国历史上最有影响的人物之一,但他并不是天才,甚至资质有些驽钝。有一天,他在家反复朗读一篇文章,可就是背不下来。这时,家中潜入了一个盗贼,希望等曾国藩睡着之后再行偷窃。

专心朗读的曾国藩并不知情,他依旧安心读书,却因为怎么也背不下来死活不肯去睡觉。时间一长,贼人都等得不耐烦了,从屋檐下跳出来大骂:"就你这种智商还读什么书?"说罢,贼人将文章默背一遍,扬长而去。

这个做贼的人似乎很聪明，毕竟曾国藩读了那么多遍都没记住，可贼人听着听着就记住了。可是这样的人却选择去做贼，去当不能暴露在阳光下的黑暗之人。然而看似蠢笨的曾国藩却是连毛主席都钦佩的人，是"近代最有大本大源的人"。

由此可见，判断一个人能否成才，环境、机遇、天赋、学识等外部因素固然重要，但更重要的是其自身的勤奋与努力。

2

康拉德·希尔顿是美国旅馆业大亨。13岁的一天，希尔顿因为前一晚等火车来运货而睡得晚，所以早上没早起，睡过了头，迷迷糊糊间他听见了父母的交谈。

父亲问："儿子怎么这个时候还在睡？"

母亲倒是有些心疼："让他多睡一会吧，昨晚上等火车累着了。"

父亲叹了口气："唉，可是我不知道他会不会就这么睡完一生。"

听到这里，希尔顿立即睁开眼睛起床。从那天起，希尔顿就再也没睡过懒觉。

古罗马有两座圣殿：一座象征勤奋，另一座象征荣誉。如果你想要前往荣誉圣殿，就必须先经过勤奋圣殿。这个道理很简单，勤奋是通往荣誉的必经之路。历史上那些悬梁刺股、凿壁借光的故事无一不在印证此事。

孩子若想挣得一个美好的前程，就必须要勤奋学习。唯有勤奋与坚持，才是通往成功的桥梁。就算有些孩子有些蠢笨，但只要持之以恒，终有一天，这些孩子会超越那些只知不断消耗天赋的所谓天才。

3

美国著名作家杰克·伦敦在19岁以前还从来没有进过中学，他的童年生活满是贫困和折磨。曾经，他是个沉迷偷盗的不良少年，可忽然有一天，他遇到了《鲁滨孙漂流记》这本书，从此人生发生了翻天覆地的变化。

从这本书开始，杰克·伦敦开启了读书之路，他每天会花10—15个小时看书，从荷马到莎士比亚、从赫伯特·斯宾塞到马克思等人的著作，他都如饥似渴地读着。

19岁时，他决定靠脑子吃饭，而不是纯粹出卖体力。

后来，杰克·伦敦进入了加利福尼亚州的奥克德中学，自此更是勤奋学习，几乎没有一天好好睡过觉。不过三个月的时间，他就把四年的课程全部念完，而后通过考试考入了加州大学。

自此，作家梦出现在了杰克·伦敦的世界里，他保持日更五千的字数，有时候会攒齐30篇小说寄给编辑们。虽然无一例外全部被退了回来，但是杰克·伦敦从不气馁，他坚持写作，最终凭借《海岸外的飓风》这本小说，获得了《旧金山呼声》杂志所举办的征文比赛头奖，虽然只拿到了20美元的稿费。

5年后的1903年，他有6部长篇以及125篇短篇小说问世。他成了美国文艺界最为知名的人物之一。

成功从来都没有捷径，也没有一蹴而就的可能。爸爸要让孩子明白，若想实现人生价值，请投入相应的努力。就算孩子拥有惊人的天赋，如果他们选择了懒惰而不是勤奋，这个世上恐怕并不会因此多一个天才出来。

快乐没有被隐藏,为何你却看不见

生活是否快乐往往取决于个人的主观意志,如果我们乐观向上,哪怕遇到再多的苦难,生活也有甜味。如果我们怨天尤人,就算活在蜜罐中,生活也总是充斥着各种多愁善感的悲伤。

1

从前有一对美国兄弟,哥哥十分乐观,弟弟却十分悲观。他们的父亲为此也是操碎了心,他觉得这两个孩子的性格如果能中和一下就好了。于是爸爸想了一个主意,他把乐观的哥哥关进了臭烘烘全是马粪的屋子,却将悲观的弟弟送进了一屋子都是漂亮玩具的房间。

父亲以为这样就能帮助他们有所改变,但事实并非如此。当他走进弟弟的屋子时,发现他竟然坐在角落里默默哭泣。原来,他一不小心弄坏了玩具,因为担心父母的责罚急得哭了。

可当父亲来到马粪屋时,却发现哥哥正挥舞着小铲子铲着马粪,将这个屋子收拾得干干净净。最后,乐观的哥哥在成功的道路上越走越远,因为他从不害怕失败,也从不在意别人的嘲笑。

乐观的心态是一个宝藏, 如果你的孩子拥有乐观的心态,爸爸千万不要去打压他们。因为只有乐观,孩子才能毫无压力地面对任何风雨,即便跌倒过一百次,他们也能拍拍膝盖上的尘土,笑眯眯地站起来重新出发。

2

有些孩子可能天生自带忧郁气质,眉眼间少不了忧愁,仿佛不管遇到什么事情都开心不起来。但这并不代表,这些孩子的性格就绝对无法扭转。因为乐观的性格是可以培养出来的。当然,悲观厌世的性格也可以在实际生活中逐渐改善。

戴尔·卡耐基小时候是一个很胆小的孩子,有着"与生俱来"的忧郁性格。因为他的耳朵长得又宽又大,同学们总是嘲笑他。有一次,卡耐基和班上的一个同学吵了起来,同学气起来竟然恐吓道:"总有一天,我要剪断你那双讨厌的大耳朵。"卡耐基吓坏了,几个晚上都不敢睡觉,害怕一觉醒来耳朵就没了。

等长大一点后,卡耐基更是充分发挥了自己胡思乱想的本事,每天都生活在自己创造的痛苦中。有一次,卡耐基被老师喊上台解答题目,可他才刚刚站好,底下的同学全都大声笑了起来。原来不知道是谁在卡耐基的破夹克里放了一朵花,还贴了一张纸条:"我爱你,百德·杰克先生。"在英语中,百德·杰克与破夹克是谐音词。

对此,卡耐基非常难受,回家就告诉了父亲所受的委屈。可父亲却很是平静,反问道:"那你为什么不去想办法让他们尊重你呢?而且不用担心,今年秋天的时候,你就会有新衣服了。"

后来,卡耐基去了州立师范学院读书,但穷困的他只能选择走读。虽然拿到了全额奖学金,但他还必须四处打工赚取生活费。长此以往,卡耐基的性格越来越沉闷。

这一切父亲看在眼里,他终于做了个决定,鼓励卡耐基参加学校的演讲辩论比赛。然而卡耐基一连参加了12次,无一成功。这时,卡耐基却忽然释然了,他开始准备第13次演讲。最后,他以《童年的记忆》为题做了演说,获得了青年演说家奖。这是他人生中的第一次成功,这次获胜,完全改变了他的人生。

如今,卡耐基的《人性的弱点》等书畅销世界各地,还有谁会想到他以前在演讲比赛中连败12次呢?很多时候,你想得太多,反而会越不敢走路。而当你迈出一小步时,你才会真正感受到自我价值。

乐观的家庭从来都不缺幸福和快乐,而一个乐观的爸爸带出来的孩子,往往也是乐观的,因为爸爸通常是孩子模仿的对象。当孩子考试失败时,试着去说:"孩子,你的进步空间更大了哦!"或许你的孩子会更有信心去学习。

3

有人说,生活是一面镜子,你对着它哭,它就回馈给你眼泪;你对着它微笑,它就会回馈给你微笑。但生活从来都不会一帆风顺,爸爸需要告诉孩子的是,不管生活给予了什么,他们都可以选择乐观应对。

2008年,那场令国人震撼的地震给了我们太多感动。在距离大地震发生20多个小时后,一位初中女生从废墟中被救了出来,她叫高莹。

只是与别人不同，她从被救出那一刻开始就一直保持着微笑，仿佛一切灾难都不算什么。当她除了脑袋以外的部位都被埋在废墟下的时候，她就在甜甜地微笑，而这个微笑，也被网友称为"地震中最美的微笑"。

然而现实可没有高莹的微笑如此甜美，在这场地震中，她永远地失去了双腿，但她从来不哭，只是笑着面对生活赐予的一切苦难。

她说她已经很幸运了，因为她活了下来，而她的很多同学却被永远地埋在了地下。

人生旅途总是充满着无数未知，我们永远无法预料明天会如何，可我们却能选择微笑生活，乐观生活，幸福快乐地过好每一天。

4

爱迪生有自己的大工厂，里面有着相当完善的实验室，有他几十年的心血结晶。然而遗憾的是，某天夜里，他的实验室忽然发生大火，不过眨眼的功夫，整个工厂已经完全烧了起来，就连消防人员都无法阻挡火焰的蔓延。

正当所有人都在为爱迪生惋惜的时候，他却让孩子喊妻子过来。儿子十分不解："爸爸，你现在叫谁来都没用了，干吗还要喊妈妈过来呢？"

"这么大的火，你妈妈一定没有见过，当然不能错过。"爱迪生说得一脸轻松。

妻子很快就赶了过来,却发现爱迪生仍在微笑时,问道:"为什么你还笑得出来?那里可是你全部的心血。"

然而爱迪生却摇摇头:"不,亲爱的,这场火烧掉的不过是我曾经的过错。在这里,我要重新建一座更完善、更先进的实验室和工厂。"

乐观是"一种性格倾向,使人能看到事情比较有利的一面,期待更有利的结果"。乐观的心态有助于孩子在生活中更好地面对挫折,也能给身边的人带去快乐和幸福。

你要知道,你也可以跑第一

因为进取,蛹蜕壳而出,化成翩翩飞舞的蝴蝶;因为进取,苗在岩石缝中扎根,开出艳丽的花朵;因为进取,骥才有飞越太平洋的毅力,最终拥有一个幸福的家庭。万物都是因为进取,才创造了欣欣向荣的美好世界。

1

俗话说:"心有多大,舞台就有多大"。事实也的确如此,很多事情并不是办不到，而是我们从来没认真思考过究竟该如何去办到。只要我们诚心诚意地想要去实现某个梦想，即便是绕了许多弯路，也总能在无数次失败中找到成功的那条路。

成功人士要避免片面关注眼前的短期利益，而是要放眼未来，规划好未来的康庄大道。而支撑着一切实则是人们的进取心，有了进取心，孩子才会不断要求进步。

卡耐基曾说过："有两种人绝不会成大器，一种是除非别人要他做，否则绝不主动做事的人；另一种人则是即使别人要他做，也做不好事情的人。"对成功的渴望会促使一个人不断修炼自己，提升自己，从而抵达想要靠近的彼岸。

玛格丽特·撒切尔夫人是英国的第一位女首相，她性格坚韧，做事果断，身上有一股永不服输的精神，她连续4年当选保守党领袖，雄踞政坛长达11年之久，被世界政坛誉为"铁娘子"。

这一切，都离不开其父亲的谆谆教诲。

自打玛格丽特呱呱坠地起，父亲就相当注重她的性格教育，从不允许她胆怯后退。不管面前是什么，他都要求自己的女儿力争一流。

"即使是坐公共汽车，你也要永远坐在前排。"父亲经常这样对她说。这句话也一直被玛格丽特记在心中，成为她一生行事的准则。无论面前有多少困难，她总是一往无前，无所畏惧。

她的大学校长就这样评价过她——"她无疑是我们建校以来最优秀的学生，她总是雄心勃勃，每件事情都做得很出色。"这是因为当时学校要求学生花五年时间学好拉丁文课程，可玛格丽特却通过勤奋，在一年内就完成了所有的拉丁文课程，并且成绩名列前茅；在学校组织的各项活动中，她也总是积极参与，而且是光芒万丈的那一个。

"永远坐在前排"是一种积极的人生态度,孩子要想坐到人生的"前排",就必须敢想敢做,绝不轻易放弃。而这也是需要爸爸在孩子的启蒙时期就浇灌在孩子的心底的信念,并不断培育,直至这份决心萌芽成长。

2

什么是进取心?就是主动去做应该做的事情,追求更高远的目标。在人的一生中,进取心格外重要。没有进取心,孩子很可能稍微遇到挫折便会选择妥协。

王献之是王羲之的第七个儿子,自幼聪明好学,在书法上兼精诸体,尤以行草擅名,也善作画。他七八岁时始学书法,师承父亲。有一次,王羲之趁王献之练字时悄悄走到他的背后去抽孩子手中的毛笔。然而王献之握笔很牢,王羲之没有抽动,因此很是高兴,称赞这孩子将来必有出息。

自此,王献之便有些骄傲,之后因为灵机一动,将被污了的扇子通过作画拯救之后,王献之更是骄傲自得,这一切都被父母看在了眼里。

这天,王献之跑去问母亲:"母亲,我应该只要再练三年字就成了吧?"

母亲摇头。

"那5年呢?"

母亲还是摇头,王献之顿时急了:"那母亲您说,我到底还要练多少年？"

这时，父亲的声音从背后传来："等你写完这院子里的18缸水，你的字才会有筋有骨、有血有肉，才会站得直、立得稳。"

王献之不信邪，咬牙又练了5年，而后捧着字稿去求父亲表扬，谁知父亲只有在看见一个"大"字时才有些满意，还顺手点了个点在下方，对于其他的字稿，王羲之都摇头表示不好。

对此，王献之不服气，又拿过去给母亲看："母亲，您看看，我现在的字和父亲的比，到底有什么不同？"

母亲认认真真地看了3天，最后却是指着王羲之那一点，说："我的儿啊，你练了这么久，也就这一点得了你父亲的精髓。"

王献之顿时有些灰心："5年了，这样下去，我要练到什么时候啊？"

母亲看见他不再骄傲自满，便改变策略安慰鼓励："孩子，只要你像这5年一样继续努力，总有一天你会成功的。"在母亲的鼓励下，王献之终于重拾信心，再次锲而不舍地坚持了下去。

功夫不负有心人，王献之练字用尽了18大缸水，终于在书法上取得突破。后来，王献之的字也到了力透纸背、炉火纯青的程度。他的字与王羲之的字并列，父子两个也被人们称为"二王"。

3

某位赛车手在第一场正式比赛中获得了一个很好的名字，他立即回家告诉母亲："妈妈，这次比赛总共有35辆车参加比赛，我得了第二名！"

然而妈妈并没有笑，反而沉了脸："孩子，难道这样的成绩你就满足了吗？不管你怎么想，我可高兴不起来，因为你输了。"

赛车手不太理解："可是妈妈，这是我第一次正式比赛，拿到第二难道不值得开心吗？而且参加比赛的人那么多。"

母亲的回答也十分严肃："孩子，你不要总想着跟在别人身后跑，你要冲着第一去。"

自此以后，赛车手牢牢记住了母亲的鼓励，在以后的20年中，这位车手可谓是称霸赛车界，成为这项运动历史上赢得奖牌最多的选手。他就是理查·派迪。他的许多纪录直到今天仍无人打破。

高尔基曾经说过："一个人追求的目标越高，他的能力发展得越快。"当你给自己制定的目标越高的时候，你会下意识地付出更多的努力，并积极主动实施计划，而这些都是成功的必备要素。

4

周弘曾说："没有长不出庄稼的地，只有种不好庄稼的农民。"在苦恼于孩子怎么也不肯好好学习的时候，爸爸们有没有反思一二，你们给予孩子良好的成长空间了吗？你们的教育方法正确吗？

花花是个漂亮的小女孩，很喜欢跳舞，也很喜欢笑。这个乐观的小姑娘得到了邻居们的喜欢。花花的父母想要让女儿以后出国留学，因此对她的学习成绩格外看中，恨不得她每门功课都得满分。

然而花花对学习并不十分感兴趣，成绩也一直很一般。相较于上课，花花更喜欢参加各种课外活动，尤其是当领舞，这是让花花感到很自豪的事情。但她的爸爸却以这些事情会耽误学习为由，拒绝让花花继续参加这些活动，让她专心学习。

自此，花花没有再继续参加这些活动，后来就连在家看明星唱歌跳舞的娱乐也被父亲残忍地剥夺了。花花的生活里就只剩下了学习，可成绩也一直都那样，没有一点起色。爸爸有时候会生气，甚至会埋怨花花太笨。

刚开始，花花听了还会有些难过，但后来也就不怎么放在心上了。只是自从专心学习开始，花花就不怎么笑了，每天看起来都很沉闷。就算父母提出如果花花考了一个好成绩，就给她买好多漂亮衣服，也根本激不起花花学习的欲望。

现实中很多父母其实和花花的爸爸妈妈一样，都希望自己的孩子能够按照自己规划的道路，完美而又精致地走下去。

然而他们并没有意识到，孩子也有自己的主观意识，有自己的喜好和兴趣。一味抹杀掉孩子独特的天赋，对孩子来说是一件非常残忍的事情。虽说现在应试教育十分重要，可学习并不是人生的全部，作为爸爸，一定要懂得去挖掘孩子的闪光点，切不可只因为成绩不好就否定孩子的一切。

滚过烂泥巴，才能有成功的人生

挫折并非只是打击人们的存在，当你将它看作激励前进的动力时，它就会成为一种祝福，让你在前进的道路上逐渐完善自身。

1

我国少数民族侗族有一种独特的成年仪式，一个人一生要滚三次泥巴田：第一次是5岁，第二次是10岁，第三次是15岁。

5岁时，就要由母亲领到田边，由父亲在田坝那边接着。寓意从此脱离母亲的怀抱，跟着父亲学习劳动，接受艰苦的磨炼。

到10岁时，则由父亲把他领到田边，由祖父在田坝那边接着。意思是孩子初步养成劳动的习惯，下一步要向祖父学习和锻炼意志，培养耐性。

到15岁时，则由祖父把孩子带到田边，对面田坝上没有人接。意思是从此时起，你即将长大成人，需要自己去体味人间的艰辛，闯出属于自己的人生之路。

人生的苦难并不可怕，可怕的是我们沉浸于挫折的阴影里不能走出。在哪里跌倒，就从哪里爬起来，拍拍身上的灰尘，说声"没有什么了不起"。

2

有一位女儿时常会和父亲抱怨学校里的种种不顺心之事，起初父亲只是倾听，但当女儿的负面能量越来越多时，父亲领着她进了厨房，拿出三口锅，往里面都倒了一些水，然后放在火上烧。

等水开了之后，父亲在第一口锅里加入了胡萝卜，第二口锅里放了鸡蛋，最后一口锅里则放了一些咖啡豆。这个过程中父亲并未解释什么，女儿虽然在一边看着，但已经有些不耐烦了。

过了10分钟，父亲关掉火把3种东西分别放在不同的碗里，询问女儿看到了什么。

女儿据实已告："胡萝卜、鸡蛋还有咖啡。"

于是父亲要女儿过来一点，还让她用手去摸胡萝卜，女儿一碰就感觉到胡萝卜变软了。可第二口锅里的鸡蛋却变硬了，至于第三口锅的咖啡，味道非常香浓。

女儿依然不明白父亲的意图，父亲这才开始解释："三种不同的东西，在面临沸水煎熬的时候，其反应竟完全不同。胡萝卜本来是很坚硬结实的，但是沸水让它屈服了，它变弱了变软了。鸡蛋本来是易碎的，但是面对沸水的时候它里面的液体却凝结了，变得坚硬起来。只有咖啡豆最独特，经过高温煎熬，它最后改变了水的味道，让淡然无味的白水变成了香浓的咖啡。其实人也是一样的，面对挫折，有人选择妥协，有人选择反抗，而有些人则选择消化挫折，让自己经过磨炼散发出浓浓的香味来。"

"孩子，哪个是你呢？"父亲转身问女儿，"当挫折找上门来的时候，你该如何反应呢？你想做胡萝卜、鸡蛋还是咖啡豆？"

面对挫折,孩子该如何选择?其实在这三种选择里,最正确的答案是咖啡豆。因为咖啡豆不仅仅是正面应对挫折,它更是利用挫折来促使自我成长。

3

江明是个五年级的小男孩。他的学习成绩不太好,经常受到同学们的嘲笑。当别的同学做完作业回家的时候,他还在冥思苦想答案。这就算了,那些同学离开的时候,还特别喜欢嘲笑他,他真的特别难过。

好不容易回家后,江明沮丧极了,他伤心地问爸爸自己是不是太笨了。可爸爸却很温柔地摸着他的头安慰道:"孩子,谁都会经历挫折,但只有那些坚强的人才能挺过磨难,获得成功。"

爸爸的话给了江明鼓舞和信心,他转身拿出书本继续演算老师留下的作业。一个小时后,他终于算了出来,脸上也挂起了满意的笑容。

正如莎士比亚所说:"我们的身体就像一个苗圃,我们的意志,是战胜困难、克服弱点、完成学业与取得事业成功的一把利剑。"父母需要从小教育孩子直面人生挫折,让孩子在挫折中不断磨炼,打造出更为坚强、更为乐观的自我意识。如此,挫折才能成为孩子的垫脚石,促使他们走向成功。

4

让人们成熟的,不是快乐和幸福,而是磨难和挫折;让人们坚强的,不是甜蜜和温馨,而是困境和阻碍;让人们获得幸福的,不是物质和金钱,而是追求和执着。

作为孩子人生的导师,爸爸要让孩子去适当经受挫折,而不是时刻在旁保驾护航。只有当孩子遇到了一些问题,爸爸才可以趁机教导孩子如何解决委屈;当孩子被嘲笑时,爸爸才可以趁机教导如何消解嘲笑……

用正确的方式引导孩子面对人生的起起伏伏,爸爸要做的事情真的很多很关键。

一说起诺贝尔,人人都知道他是"炸药之父"。诺贝尔是瑞典人,他的父亲也喜欢发明创造,有过很多发明。因此,诺贝尔从小就受到父亲的熏陶,对科学产生了浓厚的兴趣。

9岁那年,诺贝尔的父亲在俄国圣彼得堡开设了一家工厂,专门制造军用机械。在父亲的工厂里,诺贝尔发现了很多好玩的东西,他不停地进行着发明创造,比如火药、地雷。尽管父亲严令禁止,可诺贝尔依旧乐此不疲。

后来,为了更好地学习,诺贝尔还远涉重洋,跟随瑞典籍的美国大发明家艾利克逊学习。当俄国和英法联军发生战争后,诺贝尔家生产的水雷供不应求。为了让俄国早日获胜,结束战争,俄国专家找到了诺贝尔,他们想制造威力更大的炸弹,并留下一小瓶硝化甘油让诺贝尔做实验。

硝化甘油是意大利科学家沙布利诺于1847年发明的,因为试管中的硝化甘油突然爆炸,沙布利诺受了重伤,从此便停止了试验。当硝化甘油呈液化状态时,操作中稍微有点疏忽就会产生可怕的爆炸,因此诺贝尔反复试验,最后研制了"雷管"。它的出现使硝化甘油可以安全地爆破矿山和隧道。

一开始,诺贝尔成立了一家火药工厂,开始制造硝化甘油。这个工厂就是诺贝尔火药工业公司的前身。诺贝尔的弟弟艾米尔也是个炸药迷,但遗憾的是,在某次工厂的爆炸中,弟弟艾米尔不治身亡。

面对这一打击,诺贝尔的父亲突发脑溢血,母亲终日以泪洗面,可诺贝尔却没有放弃试验,他发誓一定要找出安全使用和存放硝化甘油的方法。

但后来工厂被政府勒令停工,并禁止诺贝尔在市区5公里内做试验。他跑到乡村,仍然遭到拒绝。最后,他只得购买了一艘大船,在河里做试验。尽管如此,其他船只同样心有余悸,不许他的"水上工厂"靠近,他不得不经常变动停泊位置。

硝化甘油炸药又生产出来了。经过诺贝尔的亲自示范表演,人们总算打消了疑虑,订单源源不断,诺贝尔重新开办了一个火药工厂。从此,这座小小的工厂支配着全世界的火药界。

但实际上,硝化甘油的安全系数依然不高,它没有发生意外是因为德国气候寒冷,在低温下硝化甘油不易爆炸。由于硝化甘油是一种黏稠的液体,一些人竟以为这是一种润滑油和光亮剂,甚至用它来擦皮鞋和皮裤。

一次,一艘装有硝化甘油的轮船发生爆炸,致使17人死亡;在旧金山一个仓库里,硝化甘油爆炸又造成14人死亡。这些事立刻成为头条新闻,报纸强烈谴责诺贝尔的硝化甘油。

面对这些不绝于耳的责难,诺贝尔越挫越勇,反而研制出一种用雷管引发的、固体状态的硝化甘油炸药。经过审查，大家都认为这是一种安全的产品，在使用和运输方面绝对可以放心。

一种可怕的危险品从此变成赐福人类的大功臣，诺贝尔也因此成为世界闻名的发明家。

人生不如意事十之八九。当你屡战屡败时，是否还会坚持"屡败屡战"？

你如何看待自己，世界就会如何看待你

1

自卑是一种消极的情绪，会影响到孩子的身心健康。如果爸爸一旦发现孩子有这种心理倾向，一定要及时疏导，否则随着孩子年龄的增长，自卑只会给他们带来更严重的影响。

如何判断孩子是否自卑呢？爸爸可以从以下几个方面出发。

如果孩子经常莫名情绪低落，拒绝和伙伴一起玩耍，敏感多疑，不求上进，等等，爸爸们就要小心了，或许你的孩子正被自卑的情绪缠绕着，难以挣脱。

自信是成功的关键性因素。自信的人能激发出内在的潜能，能超长发挥能力，但自卑却会让这一切都被轻易毁灭。

当孩子做事出现失误，或者是不自信时，爸爸要告诉他，世上从来都没有十全十美的人，他不必自卑。更何况，即便是伟人都有出错的时候，平凡的普通人凭什么就没有资格犯错呢？犯错并不可怕，只需要及时改正即可。

2

乔伊是一名出色的新闻记者，曾经获得过著名的普利策新闻奖。然而他曾经也为自己的肤色自卑过，他是一位黑人。

在回忆童年时，乔伊总是说家里很穷，父母都是靠出卖体力挣钱的人。他那时候以为，像他们这样生活在社会底层的黑人，永远都不可能有出头之日，也难以获得稳定的生活。

然而10岁那年，父亲带他去参观了梵·高的故居，在那张著名的嘎吱作响的小木床和那双龟裂的皮鞋面前，乔伊很是好奇："爸爸，梵·高不是世界著名的大画家吗？为什么他的鞋子这么破？难道他不是百万富翁？"

父亲笑着摇头："他的确是世界著名画家，可他和我们一样，都是穷人，而且是一个没人愿意嫁的穷人。"

第二年，父亲又带乔伊去了丹麦，乔伊发现安徒生的故居十分简陋，和他想象中的金碧辉煌完全不同。父亲说："安徒生不过是个砖匠的儿子，他当然只能住在这种破楼里。"

自此，乔伊的人生观发生了巨大的变化，他终于明白，并不是那些有钱的人才能出人头地，像他这样的穷人只要努力，也能获得成功。在获得普利策新闻奖那天，他说："我庆幸有位好父亲，他让我认识了梵·高和安徒生，而这两位伟大的艺术家又告诉我，人能否成功与贫富毫无关系。"

自信的人更有魅力。拿破仑·希尔说:"信心的力量是惊人的,相信自己,那么,一切困难都将不会是困难。因为自信心是一种积极的心理品质,是促使人向上奋进的内部动力,是一个人取得成功所必备的、重要的心理素质。"

当孩子自卑时,爸爸要找到方法树立他的自信心,让孩子认识到他并不是废材,而是一块等待雕琢的璞玉。

3

生活中,有些爸爸特别注重孩子自信心的培养,他们总是在适当的时候对孩子说:"我相信你,你能做到!"

的确,自信心是激发孩子潜能的重要前提,它能帮助孩子正确认识自己,并不断完善自我来满足这份自信。在孩子面前,爸爸们请多说一些"相信""你可以"等正面的话语,这会给你的孩子带去自信,从而让他们更为坚定地朝着未来前进。

法国文学巨匠雨果说过:"塑成一个雕像,把生命赋予这个雕像,这是美丽的。创造一个有智慧的人,把真理灌输给他,这就更美丽。"作为爸爸,在给予孩子生命的同时,更应教会孩子如何在这世上生存,如何成为一个善良温暖,对社会有益的人。

4

自信的对立面就是自卑,而自卑就如同硫酸一样,会腐蚀孩子所有的热情。一个孩子哪怕再聪明,只要他没能从自卑中走出来,他都难以取得耀眼的成就。因此,避免孩子产生自卑心理是每位爸爸都需要牢记在心的准则之一。

　　乔丹出生在美国一座贫民窟里。他有两个哥哥、一个姐姐、一个妹妹，父亲工资微薄，根本填不饱一家人的肚子，所以他从小就在贫穷与歧视中度过，看不到未来有什么希望。

　　13岁那年的一天，父亲突然递给他一件旧衣服，问："这件衣服大概值多少钱？"

　　"1美元吧。"他回答。

　　"你能把它卖到3美元吗？"父亲又问。

　　"傻子才会买吧。"

　　"孩子，你为什么不去试一试？要是你真能卖掉这件衣服，我和你妈妈的压力也算小了一点。"

　　听到这里，乔丹才勉强接过衣服，表示他可以尝试，但不保证能卖出3美元的价格。为了卖出高于1美元的价格，乔丹仔细地将衣服洗了一遍，而后用刷子小心翼翼地刷平，最后阴干。

　　第二天，他一大早就去了人流量最大的地铁站，整整叫卖了7个小时，才终于以3美元的价格卖了出去。这一天，乔丹握着来之不易的钱，心里很高兴。从此以后，乔丹就开始了这项事业，他从垃圾堆里捡来有钱人丢掉的旧衣服，然后重新收拾好卖掉，来挣钱贴补家用。

　　谁知一段时间后，父亲竟然拿着一件旧衣服要乔丹去卖到20美元。乔丹虽然觉得不可能，但在父亲的坚持下还是表示会去尝试一下。可如何提高衣服价值是一件难题，最后乔丹找到学习绘画的表哥，请他在衣服上画了唐老鸭和米老鼠，结果这件衣服真的被人买走了。

　　当乔丹将钱交给父亲时，父亲又拿出一件旧衣服，让他卖到

200美元。这一次，乔丹没有疑惑没有犹豫，一口就答应下来。只是等了两个月，乔丹才等来了机会。那时，当红电影《霹雳娇娃》女主演拉弗希来到纽约为自己的新片造势宣传，乔丹拿着旧衣服就挤进人群请她签名。

后来凭借着这个签名，这件衣服被现场粉丝当场竞拍，最终以1200美元的高价被人买走。当乔丹回家后，一家人看着钱顿时乐疯了。那天晚上，乔丹和父亲一起睡觉，父亲问他："你明白我为什么要你卖衣服了吗？"

"嗯，您是在告诉我，办法总比困难多。"

父亲点点头，却又摇了摇头："是，但我一开始没这么想。我只是想告诉你，衣服的价值都能提升，人为什么不可以呢？孩子，你千万不要对生活失去信心，你要相信，你可以是一颗钻石。"

父亲的话瞬间就击中了乔丹的内心，原来他的痛苦父亲一直都很清楚，眼泪盈满了他的眼眶。乔丹自此以后便开始努力学习，终于实现了财富自由，成为有名的慈善家。

自信心，是驱使孩子不断奋发图强的动力，也是帮助孩子最终收获成功的催化剂。

爱默生说："自信是成功的第一秘诀。"在孩子的成长过程中，爸爸要让孩子相信自己的才能，建立起牢不可破的自信体系。

Part 8

榜样的力量

——还有什么比这个更值得传承

英国教育家托马斯·阿诺德说:"爸爸的言行就是无声的老师,是孩子生活中自觉或不自觉的榜样,强有力地发挥着潜移默化的作用。要想取得理想的教育功效,父母一定要以身作则,时时事事都严格要求自己,成为孩子人生的好榜样。"

你若不想孤单,那就必须拥有诚信

古人云:"言必行,行必果。"诚信是一个人对自己的约束,也是对别人的承诺。那些视诚信如无物的人通常生活得比较糟糕,因为他们不懂得尊重别人的信任。这个世界欢迎的始终是有诚信的人。

1

莎士比亚曾经说过:"如果要别人讲诚信,首先要自己讲诚信。"如果一家之主的爸爸总是出尔反尔,孩子模仿之后也必然会成为一个毫无诚信之人。因此,如果想要孩子做一个诚信的人,爸爸就必须首先学会信守承诺。

古代著名思想家曾子就十分注重孩子的诚信教育问题,常常以身作则教导孩子何为诚信。

有一天,曾子的妻子要上街采购,可年幼的儿子贪玩,哭着闹着要跟着一起去。但带娃上街会增加很多不必要的负担,烦躁的妻子拒绝带上儿子,随口承诺,如果孩子不跟着去,回来就给他杀猪吃。儿子很高兴,立即答应下来。

两个小时后,买好东西的妻子刚回来,曾子马上就拿了刀去猪圈,一边跟儿子说:"等着,爹给你杀猪去。"

"去什么去？我当时就是哄着他，不让他跟我去街上而已，你怎么还当真了？"妻子连忙伸手阻止。

曾子闻言，严肃地看着妻子说："儿子虽然还小，但他也懂道理。如果我们今天没杀猪，那就是欺骗。将来等孩子长大了，他也会这样去骗别人，难道你希望他以后做一个没有诚信的人吗？"

"这……好吧。"妻子哑口无言，只得任由曾子杀猪去了。

一边的儿子把这件事情看在眼里，后来有一天，天下着暴雨，儿子却抱着一个竹筒要往外跑。曾子一把抓住："这么大的雨，你出去干什么？"

"爹，我答应了朋友今天要把竹筒还给他，我一定要说到做到！"说完，儿子撑着伞就跑了出去。

无数事实证明，孩子总会无意识地模仿大人的行为，尤其是父母的行为。因此，爸爸一定要注意日常生活中的各种细节，切忌给孩子留下不好的印象。

2

墨西哥前总统比森特·福克斯·克萨达一生都坚持着"诚信"两个字。也正因为他言而有信，在国人眼中，福克斯是一个值得信任的总统，这也是他为什么能从一个平凡的推销员，最终成为掌控国家发展方向的总统的原因。

在某次大学演讲中，有一个学生提问："我们都知道政坛处处充满黑暗和欺骗，请问您在执政时是否说过谎言？哪怕是很微不足道的谎言？"

"没有。"福克斯微微一笑。

爸爸的能量决定家庭的深度

大学生们显然不信，他们觉得每一个政客都会撒谎说自己没有撒过谎。对此，福克斯并未生气，他只是缓缓说着："孩子们，的确，我很难证明我的诚信，但你们应该相信，这个世界需要诚信，也必然有诚信存在。今天我就先来给你们讲一个故事。

"曾经有一位父亲，他是一个农场主，在园子里逛的时候，他注意到中间的一座亭子有些破旧，于是就让工人将它拆掉。可一边正要去上学的儿子却请求道：'爸爸，可不可以等我上学回来之后，您再让他们当着我的面来拆，我特别想知道亭子里面是什么样的。'

"儿子当时正要去寄宿制学生上学，父亲看着他一脸的期待，就答应了下来。只是当孩子回来时候，却发现亭子已经被拆掉了，他对父亲表示了不满。经过儿子的提醒，父亲才想起来这件事情，连忙道歉：'对不起孩子，爸爸忘了这件事情。不过你放心，我一定会信守承诺。'

"'拆都已经拆了，还怎么兑现诺言？'儿子撇撇嘴，掉头离开。

"然而，这位父亲却召回工人，让他们在拆除地重新造了一座亭子，而后把儿子请来，这才让工人当着儿子的面，再次拆除亭子。"

说到这里，福克斯顿了顿，才继续说了下去："这位父亲家里并不富裕，但为了实现对孩子的承诺，他宁愿多花钱也要做到。"

学生们听了深受感触，问道："总统，请问这位父亲是谁？可以替我们引荐吗？我们非常想认识他。"

"抱歉，他已经去世了。但他的儿子还活着。"福克斯情绪有些许低落。

"那他的儿子呢？我们也很想认识认识。在这样父亲的引导下，他一定也很讲诚信。"学生们追问道。

"是的，那个儿子一直都以父亲的为人处世原则为标准，他现在就站在这里，站在你们面前。"福克斯说着就指了指自己。

"我希望大家相信我，我从未忘记父亲的教诲，也不会用欺诈来谋取利益，我只想认真诚实地面对大家，面对这个国家的每一个人。"

重新拆掉一座亭子，完成对孩子的承诺，这位父亲在幼小的福克斯心里埋下了诚信的种子，让他明白了遵守诺言的重要性。

3

彼得是一位生意人，虽然事业有成，但总是很忙。有一天，在答应了儿子出席他参加的棒球季最后一场的大赛后，彼得接到了一个工作电话，说明早要参加一个重要的业务会议。

儿子提醒父亲明天还要去参加自己的比赛，希望他推掉这个会议。然而父亲却摆了摆手，表示会议简短，他一定能够赶上。谁知第二天，会议越开越长，眼看是赶不上比赛了，彼得只好派助手去球场，用录像机录下比赛情况。当助手赶到时，儿子正要上场击球，他不断地寻找爸爸的身影，可在看台上妈妈的身边，儿子只能看见一个陌生人举着录像机在拍自己，儿子失望极了。

等彼得赶到球场时，球赛早已结束。

"儿子，对不起，爸爸来晚了，但今晚我们可以一起看赛事回放。"面对生气的儿子，彼得表示了歉意，并承诺下个球季的赛事他会全部出席。

"算了吧，爸爸，你爱来不来。"然而儿子早已不信任父亲了，根本没将父亲的承诺放在心上。

这是美国电影《铁钩船长》的剧情，当爸爸一次次让孩子失望之后，他将失去孩子的尊敬和喜爱，更无法在孩子面前树立起家长的威严。爸爸的行为对孩子永远有着最为深远的影响，一位不守承诺的父亲永远成不了孩子的英雄，也无法成为孩子的榜样。

因此，爸爸们如果答应了孩子一件事情，无论多难都要做到，否则你失去的不仅仅是一次信任，更有可能是孩子全部的信任和尊敬。

法国作家巴尔扎克说："遵守诺言就像保卫你的荣誉一样。"诚信教育必须从小抓起，一诺千金、曾子杀猪的故事也要从小教育，让孩子在爸爸的潜移默化中明白遵守承诺的重要性。

4

诚信，顾名思义，就是对一切坦诚的态度，对一切言而有信的行为方式。

在美国，有一条河流只允许人们在上午9点到下午4点之间进行垂钓，但那里只竖立着一块告示牌，并没有专人在旁管理。某天，一位父亲带着儿子前去垂钓，并让儿子仔细阅读了这一规定，孩子明白，他们只能钓鱼钓到下午4点。

从上午10:30，父亲和孩子一直都坐在那里等待鱼儿上钩，可一直都没有等到。眼看现在已经是下午3:50了，孩子有些垂头丧气。就在这时，鱼线动了动，孩子和父亲发现，他们似乎钓到了一条大鱼，父子俩一边合作收线，一边谈论如何跟大鱼搏斗。经过一段时间的努力之后，一条4千克左右的鱼被钓了起来，孩子很是高兴,摸着鱼不肯松手。

只是父亲此时看了一眼手表,正色说道:"孩子,你看,现在已经过了4点了,按照规定,我们必须把鱼放回去。"

孩子一听,并不太在意,他抱着鱼摇头:"可是爸爸,鱼儿上钩的时候还没到4点,我们只是在拉它上来的时候花了点时间。这不算超时。"孩子的语气里充满了渴望,他希望带走这条鱼。

可是父亲却立即否定:"不,孩子,规定就是规定。虽然这条鱼上钩时间早,但我们钓上来的时候已经过了4点了,这就是4点以后的鱼,我们不能带走。"

孩子还是很不情愿,他看了看周围,一个人也没有,于是再次请求道:"爸爸,拜托,就这一次好不好? 反正这里现在没人,我们就带走它吧。"

父亲沉了脸,一口回绝:"怎么可以因为没人看见就带走? 人在做,天在看,孩子,你的心里要有一杆秤在,就算旁边没人,你也要自己判断到底什么该做什么不该做。上帝会知道你到底做了些什么的。"

"好吧。"孩子站在原地好一会儿,而后抬头看着天上,这才答应爸爸一起把鱼放回去。看着鱼儿在水里越跑越远,孩子的泪水忍不住流了下来。可是他知道,爸爸说的没有错。

十几年时间一晃而过,孩子也长大成人,他成了律师界有口皆碑的诚信律师。在他的事务所里,一直都挂着一张格言:"你们说话,是,就说是,不是,就说不是;再多说便是出于那邪恶者。"

每当有当事人前来委托时, 他都会让当事人先朗读一遍,而后才严肃告知:"和我合作的人必须坦诚,如果将来我发现您对案情有所隐瞒,我只能立刻拒绝您的委托。不诚实的人,我没办法替他们去辩护。"

这位律师就是鼎鼎有名的乔治·汉密尔顿。在他的从业过程中有一句话格外出名，那就是："我从不强辩，只照实说出事实真相，因为上帝知道我所说的每句话。"

在岁月的无尽长河中，有很多珍贵的品质永远都会闪闪发光，诚信就是其中之一。一个拥有诚信的人，哪怕事业遭遇了失败，也会有无数朋友帮他东山再起。

可以不懂事，但是不能没有教养

生活处处都是诱惑，而家规的制定有利于家庭成员道德观的树立，可以有效避免一些大是大非的出现。家规也能促使父亲和孩子的关系更为亲密，因为他们需要共同遵守一些约定。

1

"没有规矩，不成方圆"，但孩子因为年纪小，心性还不稳定，很容易被外面的花花世界所诱惑，因此需要父亲在旁正确引导和钳制，而并非完全放任孩子自由发展。对孩子行为的适当约束能提升孩子的素养。

美国总统奥巴马在子女的教育方面就十分独到,他和夫人有两个女儿,为了让两个女儿健康成长,他们制定了几条家规。

(1)不要取笑别人,也不要总是无理抱怨。

(2)早起必须铺床,从内到外保持整齐。

(3)不要总是麻烦别人,做力所能及的事情。爸爸妈妈也会很累,请自己起床穿衣、冲泡牛奶。

(4)玩完玩具必须整理,保持整洁。

(5)家务共同承担,不要懒惰。

(6)不要奢侈,生日或圣诞节不需要奢侈的礼物和聚会。

(7)坚持早睡,晚上八点半准时熄灯睡觉。

(8)课余生活要及时参加,自主学习。

(9)可以有偶像,但不能疯狂追星。

其实,这九条家规并不复杂,且规则简单,即便是五六岁的孩子也能轻易理解。因此,在父母的引导下,孩子也能更为准确地执行规则。在奥巴马这些规则的教导下,他的孩子们也最终朝着更好的方向成长。两个女儿都勤俭节约、自尊自爱,自立自强,且多才多艺,是不可多得的人才。

2

制定家规来规范孩子的行为,是塑造孩子素养的有效方法,只可惜一些年轻家长并未树立此等意识,在孩子的管教方面明显缺少约束,以至于孩子年龄越大越难以管教,最终成为脱缰的野马,根本就控制不了。

　　但每一个文明家庭，都应该有一个既能约束家庭成员的言行，又符合社会一般公共道德准则的家规。不过家规的制定并没有固定模式，最关键的一点其实就是实事求是，简单明了，并长久地坚持贯彻下去。

　　当然，家规也需因时而变，不可几十年都是同一个标准，要根据孩子的成长不断做些调整，让家规也成为与时俱进的新时代产物。

　　少年皮特生父早亡，母亲管教又不是很严厉，因此从小就十分叛逆。尽管继父对他很好，但皮特并不领情，一直都用各种方式表达着对继父的不喜欢。不高兴起来，皮特甚至还会拿起菜刀威胁继父，以至于警察都不得不过来调解。

　　继父觉得这样下去不是办法，因此去寻求心理学家的帮助，咨询之下决定利用皮特喜欢汽车的爱好来做出一些约束。他们商量，让继父借给皮特500美元去买车，而皮特也因此需要和继父签订如下契约：

　　有借有还，皮特需要每周归还"债务"，也不多，只不过是五美元而已，且继父提供了一些赚钱途径：

　　（1）只要每周日到每周四晚上，皮特都留在家里，或者是每晚九点半前回家，上交车钥匙，他就可以得到4角的奖励；

　　（2）每周五和每周六，只要皮特留在家里，或者午夜前上交车钥匙，那他可以得到6角；

　　（3）每周皮特可以通过清理门前屋后的草坪来获取6角奖励一次；

　　（4）周一至周五，皮特如果能在晚饭前喂食家里的狗，则每次获得1角；

(5)每天按时吃晚饭也有奖励,每次5分;

(6)最迟午饭前离家,并整理好房间床铺,每次给予5分奖励。

若是每周皮特都能顺利遵守并完成这些事情,那么他每周刚好能得到五美元,用以归还债务。但若是做不到,则要接受惩罚:

(1)按照未还款比例来减少皮特的汽车使用权限,标准为5分钱等于15分钟汽车使用权限;

(2)若是皮特一周内一件事也无法做到,第二周将无法使用汽车;

(3)以上规则由继父监督执行。

另外,规则之外还有一个附加款,若是皮特做了规定之外的有价值的事情,他也可以告知父母,换取一定的金钱。并且,只要双方认可,可协商修改条款。

从此,在这份契约的约束下,皮特乖巧了很多,变得懂事听话,和继父的交流也逐渐增多。当这部汽车完全属于皮特之后,他和继父也已经亲如亲生父子了。

3

规矩一旦立下就必须执行,不可因为任何原因就推迟执行。不过孩子因为年纪小,容易忘记曾经的约定,这就需要夫妻不时在旁提醒。不过一旦孩子犯错,还是需要按家规来办,忘记并不是任何推脱的理由。如此一来,随着时间流逝,孩子终会明白什么能做,什么不该做。

团团还小,总喜欢赖床,但有一天,爸爸把他喊过去说道:"从今天起,你早上必须按时起床,按时吃饭,否则爸爸妈妈就会因为你而迟到,而且你也不能准时去幼儿园。假如有一天你晚起了,我会默认你放弃了早餐,你要记住这一点。"

一开始,团团确实按时起床,但有一天,团团因为犯懒,睡了懒觉,爸爸妈妈怎么喊都不起来。后来,爸爸也不喊了,自顾自吃了早餐。当团团起来之后,却发现桌上已经没了自己的早餐。

他摸了摸自己的肚子,生气又委屈:"爸爸,我好饿。"

"是吗?但是你应该记得,爸爸跟你约定过,如果你起晚了就没时间吃早饭。所以,对不起,今天你没办法喝牛奶吃面包了。走吧,我送你上学去。"爸爸缓缓说着。

其实吃不吃早餐并不是问题的关键,关键是孩子需要知道,规矩就是规矩,是需要遵守的约定。一旦孩子违背了约定,就需要接受相应的惩罚,没有任何说情的可能。

4

社会需要规则和秩序,否则将是一片乱象。家庭教育也是如此,父亲必须要让孩子明白一些规矩,知道哪些事情是绝对不能做的。

而孩子也需要在父亲的引导下明白世界的规则,明白该如何友好地和他人相处。如果他做错了什么,会得到什么样的惩罚。父亲给孩子制定的规矩必须明确清晰,切不可模糊不清,没有判断标准。

而在孩子坚持规矩的同时,爸爸也必须以身作则,严格遵守规矩,不要因为孩子的哭闹就随意妥协。爸爸们切记:凡事预则立,不预则废。在某些事情还未发生前,爸爸要未雨绸缪,事先根据某些孩子的特点来制定一些规则,并与他们约定好要遵守。当孩子犯错时,爸爸要严格按照规则办事,切不可因为心软毁约。如此,孩子才能在生活中明白遵守约定的重要性,也能进一步加强自制力。

坏习惯要改,别让孩子"复制"过去

有位作家说过:"有什么样的思想,就有什么样的行为;有什么样的行为,就有什么样的习惯;有什么样的习惯,就有什么样的性格;有什么样的性格,就有什么样的命运。"一个好的爸爸,是孩子积极向上的好榜样,也是孩子奔向优质未来的康庄大道。

1

所谓习惯,是指不断重复或练习而形成的固定行为模式。良好的习惯能让一个人不断向更好的生活靠拢,从而获得更为优质的人生。人们在年幼时形成的习惯往往会影响他们一生,因此爸爸需要从小督促孩子养成优良的习惯,切勿因为放纵和溺爱,让孩子养成某些不良习惯,导致孩子的一生都被毁掉。

曾经有个爸爸是个酒鬼,几乎每天都要喝到下半夜才回家,回了家也是一脸醉醺醺的样子，儿子根本就没有和他亲近的机会。如果没有那场雪，或许他就这么一直浑浑噩噩地过下去了。

那年冬天，雪下得很大，酒鬼爸爸又要去常去的那家酒店，结果走到一半就听见儿子在后面喊他，说是妈妈喊他回家吃饭。然而酒鬼爸爸并不想理会，只让儿子自己回家。

结果儿子没有听话，踩着爸爸的脚印往前走着，一边快乐地说着："爸爸你看，我正踩着你的大脚印，走你走过的路呢！"

这句话瞬间就让酒鬼爸爸清醒过来，他忽然惊醒，如果他继续嗜酒如命，他的儿子将来是不是也会这样？于是，这个爸爸转身带着儿子回家，从此也戒了酒。

相信很多人心里都清楚，爸爸对孩子人生的影响力。很多孩子的一生就是在重复爸爸的人生。因此，如果爸爸走的路不好，孩子也很容易误入歧途。

2

"父母是孩子的镜子，孩子是父母的影子。"换言之，爸爸的行为模式必然会影响到孩子的人生观和价值观。一位优秀且懂得教育的爸爸，往往能够教导出知礼懂法、品格高尚的孩子；而一位糟糕的父亲却只能看着捣蛋的孩子唉声叹气。

教师是社会上不可缺少的职业之一，但很多从事教师行业的人其实并不十分了解自己当教师的初衷。有一个女孩却不一样，当别人问她为什么想当老师时，她的眼睛里能冒出光来。

她说："我爸爸就是一名老师，虽然平时有点忙，但他看起来就很幸福,我也想自己将来能那么幸福!"

于是在作文里,这个女孩写下了爸爸当老师的那些趣事。她说,我的爸爸虽然是小眼睛,那双眼睛里全部都是智慧的光芒,每次看我的时候都让我觉得很厉害,仿佛能看穿我的内心一样。有时候,我还会拍拍爸爸的肚子,听听里面有没有声音。我总是觉得,爸爸的大肚腩里藏着许多学问。

爸爸每天很早就会起来备课,通常就是捧着一本书坐在门前的板凳上,然后就开始思考教学要点和方法。这个时候我都不会打扰爸爸,只是偶尔会陪在爸爸身边。

一到周末,爸爸的时间就更多了,但他很少出去玩,总是喜欢拿着各种课本坐在凳子上,拿着笔写写画画,做着各种标记。每当这时,爸爸似乎沉浸在了另一个世界里,有时候喊他好多遍他都听不见,或者是偶尔听见了,也都是答非所问,每次都让我和妈妈忍不住捧腹大笑。

有一次我过生日,妈妈决定全家一起出去大吃一顿,可是爸爸还是跟以前一样坐在板凳上看书。看见爸爸那么认真,妈妈摇了摇头,干脆先带我去商场买礼物,然后等爸爸过来吃饭。可是我肚子都快饿扁了,爸爸还没来,妈妈只好先带着我回家,结果一回家就看见爸爸还坐在凳子上,捧着书看得津津有味。

我那时才知道,原来一个人看书可以这么认真,所以我也暗下决心,我将来也要像爸爸这样,做个认真负责的老师!

3

孩子的眼睛就像一台最精密的摄像机,会清楚地记录下爸爸的一言一行;在以后的生活中,孩子又会不自觉地重新演绎和模仿爸爸的言行举止。因此,爸爸在家里一定要注意个人形象,千万不要在孩子面前展露不良的生活习惯。

毛毛的爸爸从来都不太讲究,总是穿得皱皱巴巴,胡子也常常不刮,时不时还穿着拖鞋去上班。一回到家,各种脏衣服也是随地乱丢,从来也不知道收拾一下屋子。

这还不是最糟糕的。最令毛毛妈妈烦恼的是,现在毛毛也跟爸爸学得一模一样,根本不注意个人形象,穿着脏脏的衣服就去了学校。直到有天毛毛哭着回家,爸爸才知道原来是因为这些不良习惯,毛毛在学校里被老师批评了。爸爸这才醒悟过来,自己给儿子树立了一个多么糟糕的负面形象。

作为爸爸,如果想要孩子仪表堂堂,那么你就需要保证让自己看起来精神十足,在家记得打扫卫生,把各种东西摆放整齐。如此一来,孩子在学校也会整齐摆放物品,做一个干净整洁的人。

俄国教育家乌申斯基认为:"好习惯是人在神经系统中存放的资本,这个资本会不断地增长,一个人毕生都可以享用它的利息。而坏习惯是道德上无法偿清的债务,这种债务能以不断增长的利息折磨人,使他最好的创举失败,并把他引到道德破产的地步。"总而言之,优良的习惯能引人上进,是跟随人们一生的无形财富;而坏的习惯往往会拉着人们往更深更暗的地方跌落下去。

4

在19世纪美国反对黑人奴隶制度运动中有杰出表现的约翰·

布朗,是7个孩子的父亲。但无论是对男孩还是女孩,约翰·布朗在教育方面都一视同仁,并未因为是儿子就放纵,是女儿就宠溺。

约翰·布朗特别喜欢喝酒,苹果酒葡萄酒都是餐桌上常见的饮品,但自从发现孩子们经常凑过来讨酒喝之后,他就把酒给戒了,真正做到了滴酒不沾。他会要求孩子认真读书,但每天最先拿起书本的却是他自己。他要求孩子尊老爱幼,也会先严于律己,孝顺家中老人。

约翰·布朗还时常教育孩子要拾金不昧,哪怕是再小的东西也要及时归还。有一次,女儿上学后无意间捡到一块花布,很是喜欢就留在了身边,但在和朋友交流时被父亲听到了。于是他告诉女儿:"那块花布的主人也一定很舍不得它,你明天上学的时候带上它,找找看它的失主。这件东西虽然小,可你要明白,如果是你丢了珍贵的东西,你是不是希望别人捡到之后可以还给你?如果是,那别人也是一样的。"

第二天,女儿就拿着这块花布找到了失主,物归原主。

父爱应该是足够深远的,爸爸们要懂得替孩子看得更远一些,以身作则地教导孩子该如何自尊自爱,如何在社会上扎根立足,成为一个受人尊敬的人。

你的修养都藏在礼貌中

"少成若天性,习惯如自然。"孩子的教育要从小培养,等长大了,那些礼貌规矩就会体现在他们的一举一动中。素质高、教养好的人才能得到别人的尊重。

1

正所谓习惯成自然,从小粗鲁不懂礼貌的孩子,即便是长大了,也很难成长为一个敦厚有礼之人。这类人往往会在团队合作中成为那些被排挤的对象,最终在社会中丧失一定的竞争力。没有人愿意和满口脏话、缺乏责任心和同理心的人合作。因此,父亲必须从小就重视孩子的礼貌教育。

但很遗憾,很多父亲往往会忽略孩子的礼貌教育,他们的关注点常常聚焦在孩子的学习和技能方面,对孩子的个人素质并不十分关注。也有些父亲认为,礼仪是孩子长大之后自然而然就懂的东西,但这个想法其实是错误的。

礼貌必须从小培养,否则一旦孩子形成不良习惯,想要督促他们再去改正就十分困难。

2

罗莹已经上六年级了,可她的性格依旧比较内向,总喜欢一个人待着,不太愿意和人交流。有一次放学,爸爸过来接罗莹回家,在校门口的时候,他们两个和一个老师模样的人擦肩而过。罗莹没有开口,但爸爸却发现那个老师似乎脚步顿了顿,而后才选择继续前进。

"你认识那个人吗?"爸爸低头问着罗莹。

罗莹这才告诉爸爸:"那是我的语文老师。"

爸爸问:"为什么不打招呼?"

"语文老师是隔壁班的班主任,只是给我们代课,估计都不认识我呢。"罗莹立即回答。

爸爸摇摇头,耐心教导:"无论如何,见到老师就该问好,这是最基本的礼貌。就算老师记不住你,你也应该尊重老师。"从这以后,罗莹每次见到老师都会主动打招呼,也赢得了许多老师的喜爱。

培养孩子的礼仪,父亲责无旁贷。当孩子做错事时,父亲要循循善诱,告诉孩子怎么做才是对的,而不是一味训斥。懂礼貌的人自带温柔气场,也更容易与人沟通。

3

华盛顿国家实验室是很多科学研究者的梦想之地,有一天,一批耶鲁大学的应届毕业生前来参观。但实验室主任因故不能立即前来接待,故而让秘书暂时接待片刻。

天气比较热,秘书一个个给学生递矿泉水,有人却开口询问能否提供咖啡。对此,秘书表示了歉意,说咖啡刚刚用完了。当秘书送水至一个名叫艾伦的学生时,他朝秘书笑了笑:"谢谢您,这么热的天还来照顾我们。"

温暖的话让秘书心底一暖,他不由得多看了这个学生一眼。

又等了片刻,胡里奥主任终于来了,他一进来就十分热情地跟大家打招呼,但所有人都没什么回应,这让胡里奥主任觉得自己就像一只猴子。这个时候,还是艾伦先一步反应过来,他率先鼓掌,并出言感谢胡里奥主任抽时间前来看望,这才让现场气氛没那么尴尬。

后来,胡里奥主任发现过来的学生都没带笔记本,便亲自给大家发放纪念手册,只是大多数人接过手册的方式都很随意,只有艾伦站起来,身体前倾,双手接过手册,并表示感谢。胡里奥主任注意到了这个男孩,并询问了他的姓名。

等到毕业时,艾伦的职业去向里赫然写着国家实验室,但他的成绩在班里从来都不是最好的。于是不少成绩更为优秀的学生闹到了导师那里,但导师却笑着摇头:"老师没有偏心,是人家国家实验室的人点名要艾伦过去。有时候成绩并不代表一切,艾伦的成绩虽然没你们好,但他懂得礼貌待人,这是你们比不了的。"

礼貌是一个人的态度,周全的礼貌会让人感到身心愉悦,从而促使他在交际中成为一个受欢迎的人。因此,爸爸一定要从小培养孩子的礼貌意识。

礼貌往往通过语言和动作两方面呈现。爸爸必须以身作则,在日常生活中关注每一件小事,用实际行动教导孩子何为礼貌。

一个总是粗鲁待人、满口脏话的爸爸，绝没有资格教导孩子要礼貌待人。因此一名合格的爸爸要努力塑造一个冷静克制的明理形象，万万不可无所顾忌地在孩子面前胡言乱语。

4

家中来客时，父亲要及时交代孩子待客之道，比如亲友敲门之后要及时回复"请进"；见到亲友要主动问好，入门拿鞋倒水；如果有年纪更小的朋友来，最好主动拿出自己的玩具与其分享；进餐时，要等客人一起用餐，不得先吃……

如此一来，孩子才能在各种关系中游刃有余，不会因为某些礼节方面的缺失而显得失礼。

丰子恺一直如此教导孩子："礼仪，就是待人接物的具体礼节和仪式。"每当家中来客，丰子恺都交代孩子要热情招待，要双手奉上热茶，而不是单手。因为单手端茶送饭，就如同是皇上给臣子赏赐，十分不妥。他还交代如若客人给予礼物，要躬身双手去接，表示感谢。

当家中来客时，丰子恺也会让孩子跟随，实际体验。有一次，有好友远道而来，丰子恺便带着孩子们一同去下馆子。吃饭时，孩子们表现得体，让友人称赞不已。只是吃完饭后，有孩子说想要先回家，但丰子恺却低声制止，告诉他们："今天我们家请客，你们也是主人，主人先走是对客人的不尊重，这很不好。"好在孩子们很懂事，点头应下。长此以往，丰子恺的孩子们在他的教导下个个都十分有教养，长大后也都是有出息的人。

生活中也处处都是礼仪教育课堂,父亲要为孩子提供适当的"情景教育",让他们将礼仪刻入骨血中,永不遗忘。

勤俭,是最美的传家宝

古人云:"历览前贤国与家,成由勤俭败由奢。"贪图享受的人不配拥有光明的前途,因此爸爸要让孩子树立勤劳节俭光荣,懒惰奢侈可耻的观念。即便如今生活富裕,孩子也要懂得勤俭节约,艰苦奋斗才是。

1

古人云:"俭,德之共也;侈,恶之大也。"古往今来,节俭一直被人们视为治国之道、兴业之基、持家之宝。无数历史证明,节俭使人奋进,奢侈让人沉沦。因此,子女的节俭教育必不可少。

司马光砸缸的故事人尽皆知,但司马光并非只是小时聪慧而已,他成人后更是时时严于律己,且十分注重对孩子的教育,他时常教导孩子们要注重勤俭持家,切勿铺张浪费。

在司马光看来,食物的作用就是填饱肚子,而衣服的作用就是保暖遮蔽,并不需要多么豪华富贵,只需要够用就可以了。为了让孩子更深刻地理解勤俭节约的含义，司马光还特地写了一篇论俭约的文章。

文中，司马光痛斥奢靡浪费的生活，极力称赞朴实的生活方式，并明确提出质疑：以前的人分明认为勤俭节约是美德，怎么到现在却反过来了？那些勤俭度日的人却时常被人嘲笑，这难道不是错误的吗？他告诉儿子，一个人一旦生活奢侈，他的心底很容易就会滋生出更多的欲望。君子若是贪慕钱财，就容易遭遇灾祸，而小人为求财可能会走入歧途，导致身死家败。

司马光总是希望儿子能够修身、齐家、治国、平天下，因此时常告诫孩子要刻苦读书、认真工作、保持节俭的生活作风。在这样一位父亲的影响下，儿子司马康从小注重节俭，后来做官也十分廉洁，为后世所称赞。

2

马洋出生在一个富裕的家庭，父母合资开了一家公司，一家人生活优渥。但在这样不愁吃喝的家庭环境下，马洋却养成了一些非常不好的习惯。

父亲担心孩子在外有事不好联系，因此给马洋买了手机，谁知这孩子竟然拿手机当作在朋友面前炫耀的资本。手机出新款后，马洋死活不肯再用旧手机，一定要换新款。父亲只好同意，然而旧手机却被他随手送了同学。

除此之外，马洋还特别喜欢买各种名牌球鞋，但买了之后没穿几次又不喜欢了，就搁置在那里，重新问父母要钱去买新款球鞋。同样，看到喜欢的食物，马洋立刻就去买，只是买回来吃两口不合心意就随手一丢，对金钱的浪费毫不在意。而一旦同学买到了什么高大上的东西，马洋也总是要求父亲也去买来，否则就闹得家里不得安生。

长此以往，马洋在和同学攀比的路上越走越远，也时常呼朋唤友各种请客，根本不拿父母的钱当钱。但这种恶习早已养成，父亲这时再想要纠正马洋错误的想法已经非常困难了。

很多爸爸都不会在孩子面前诉说工作的艰辛，对孩子的要求也大多尽力满足。但其实爸爸不必掩饰自己挣钱的辛苦，当孩子明白金钱来之不易时，他们才会知道要珍惜手上的每一分钱。

3

爸爸要给孩子留下的，从来不是巨额财富，而是管理财富的意识和本领。如果孩子不知道如何管理财富，即便是坐拥万贯家财，也很快就会将其败干净。

洛克菲勒家族财富惊人，但与之相对的是，老洛克菲勒儿子每月的零花钱不过只有几美元。大家对此不能理解，甚至觉得老洛克菲勒对儿子太过苛刻。有的人甚至还在背地里说老洛克菲勒是葛朗台。

只是对于那些非议，老洛克菲勒从不在意，他认为只有那些愚蠢的人才会对孩子予取予求，丝毫不培养孩子的节俭意识。因为只有当孩子明白了金钱的来之不易，他才会懂得开源节流的意义，不至于因为浪费和追求奢侈而败光家产。

老洛克菲勒的孩子从小就知道帮父母分担家务，以此换取更多的零花钱。在父亲的教导下，他们还学会了记账理财，对金钱格外敏感。这也正是洛克菲勒家族打破富不过三代魔咒的重要原因，当每一代孩子都懂得正确理财的时候，家族的财富只会如滚雪球般越滚越多。

4

不懂节约的孩子大多也有一对花钱大手大脚的父母，因为孩子的行为模式往往都是率先模仿父母的。当孩子提出一些不合理的购买需求时，父亲需要适当拒绝，而不是一味迁就。

节俭不是因为穷困，而是因为懂得节约不浪费，是一种理性的生活态度，而非有些人认为的，是穷人才需要去做的事情。父亲切记不可产生不合理的攀比心理，并且要在日常生活中注重培养孩子勤俭节约的生活习惯。

闹闹的妈妈从小就教他理财，因此闹闹5岁时就已经会管理自己的零花钱了。不过刚开始认识钱的时候，闹闹对钱还是没什么概念，只知道有钱就可以买到很多好吃的好玩的。这时，妈妈开始教他认识不同面值的钱，让他明确这些金钱的真正价值。

但闹闹花钱从来没有规划，经常是"月光族"。某次闹闹参加班级活动，伸手问妈妈要钱，妈妈表示这个月的零钱已经给了，为什么还要？

闹闹不好意思地说钱花光了。最后，妈妈虽然还是给了钱，但表示这些钱要从下个月的零花钱里面扣，而且还规定了零花钱需要用劳动来换取的方式。如此一来，闹闹终于认识到挣钱不易，也学会了适当理财。

　　在金钱管理方面,孩子往往一无所知,这都需要父亲一步步引导规划。对于孩子的铺张浪费行为,父亲要严厉批评;对于孩子的节俭行为,父亲要给予赞扬,一步步督促孩子树立起"节约光荣、浪费可耻"的观念。